内向思考

LEAD YOURSELF FIRST

[美] 雷蒙德 · 凯特利奇（Raymond M. Kethledge）
迈克尔 · 欧文（Michael S. Erwin）◎著

庄逸抒 / 刘晓同◎译

中国友谊出版公司

图书在版编目（CIP）数据

内向思考 / (美) 雷蒙德·凯特利奇, (美) 迈克尔·欧文著；庄逸抒, 刘晓同译. -- 北京：中国友谊出版公司, 2019.6（2022.3重印）

书名原文: Lead Yourself First:Inspiring Leadership Through Solitude

ISBN 978-7-5057-4738-8

Ⅰ.①内… Ⅱ.①雷… ②迈… ③庄… ④刘… Ⅲ.①思维方法 Ⅳ.①B804

中国版本图书馆CIP数据核字（2019）第102833号

著作权合同登记号　图字：01-2019-3949

书名　内向思考
作者　［美］雷蒙德·凯特利奇　［美］迈克尔·欧文
译者　庄逸抒　刘晓同
出版　中国友谊出版公司
发行　中国友谊出版公司
经销　北京时代华语国际传媒股份有限公司　010-83670231
印刷　唐山富达印务有限公司
规格　880×1230 毫米　32 开
　　　7.5 印张　200 千字
版次　2019 年 6 月第 1 版
印次　2022 年 3 月第 6 次印刷
书号　ISBN　978-7-5057-4738-8
定价　45.00 元
地址　北京市朝阳区西坝河南里 17 号楼
邮编　100028
电话　（010）64678009

| 序 |

从优秀到卓越

要想实现从优秀到卓越的飞跃，就要做到自律。自律者能够思路严谨清晰，行动有条不紊。要做到行动有条不紊，首先需要思路严谨清晰，而要做到思路严谨清晰，则需要通过严于律己来创造出用于安静思考的时间。其本质不是去做更多的事，而是学会精简工作。停办事项清单比一味地扩充待办事项清单更能体现一个人的自律。本书所讲的就是如何创造出一小段一小段的独处时间并善加利用。

达尔文·史密斯在金佰利（Kimberly-Clark）当首席执行官的时候，他的很多重大战略决策都是在“拖拉机时间”里做出的。他常常回到威斯康星州的自家农场，开着隆隆作响的拖拉机驶来驶去，把大石块从农场一边的石堆运到另一边的石堆。

在公司发展的一个关键时刻，他面临一道难题：有百年历史的支柱业务造纸业如今难以为继，应该怎么办？史密斯考虑了很长时间，开着拖拉机来来回回搬石块。在这个过程中，他的思路渐渐理清了："如果你一只手长了毒瘤，那么你必须要有壮士断腕的勇气。"史密斯这样想是因为他本人曾和咽喉癌斗争过。他做出了明确的决定：卖掉造纸厂，破釜沉舟放弃百年旧业，把所有资源都投入到公司新兴的消费纸品业务，在舒洁（Kleenex）纸巾等品牌上孤注一掷。一名董事说，在他了解到的 CEO 所做的决定中，这是最有魄力的一个。史密斯的决定成了公司从优秀到卓越的转折点，也让他成为 20 世纪最伟大的商业领袖之一。

温斯顿·丘吉尔喜欢在寓所查特韦尔庄园垒砖，尤其当他在 20 世纪 30 年代身陷那段"荒凉岁月"的时候。比尔·盖茨在微软公司兴起的时候，花整周整周的时间去阅读、思考，他称为"思考周"。沃伦·巴菲特喜欢家乡内布拉斯加州奥马哈的宁静，在那儿过着只有阅读和思考的简单生活；巴菲特最喜欢的话中有这么一句："什么都不做也可以是一种非常智慧的行为。"乔治·华盛顿常常在弗农山庄（Mount Vernon）附近骑马，一骑就是几个小时，无法自拔。罗恩·彻尔诺为华盛顿写的精彩传记中说，他每天作息规律，雷打不动，大清早别人还在睡梦中，他就起来一个人工作、思考。彻尔诺也对华盛顿在福吉谷（Valley Forge）跪地祈祷希望获得精神指引和力量而没有注意到有人在身边的经典形象提出质疑，不是因为他怀疑华盛顿会这么做，而是因为几乎可以确定华盛顿只会私下里悄悄这么做。

当然，你不需要像上面这些领导者那样以那么小众的方式独处。在写这篇序言的时候，我也快完成一项关于K-12（指从幼儿园到12年级的教育）杰出教育家的研究，从城市高危社区到农村贫穷乡镇，他们在最艰苦的条件下领导K-12学校迈向高水平。这些K-12学校的领导者不断自我革新以适应不同的职能要求，日复一日，年复一年。许多人就是通过独处的时间来进行思考和充电。

其中一所小学的学生都是来自附近一个犯罪频发社区，这所学校的校长每天早上进学校前，都会创造一段私人时间，也就是坐在自己的车里。只要条件允许，她都会特意早到几分钟，就是为了留出独处的时间。

本书作者非常了不起地收集了多个故事，这些案例都证明了领导力的关键在于两件事。一是系统性地规划独处的时间。我们每人每天都是有24小时，这些时间多半会被琐事消耗，除非你刻意规划出独处的时间，在你的日程中嵌入一些“白色空间”。白色空间并不意味着放假，只是代表没有计划做的事。就像在河里放石块一样，如果你非要等河流停止流动然后才去放石块，那么肯定永远都放不了。不如就在流动的河流中扔块石头，让水流绕着石头流动。这就是白色空间，是你自己规划出的时间，这段时间和其他安排一样重要。

二是发现计划之外的独处机会并抓住这些机会。这些机会可能会产生始料未及的人生转变，将你拉出生活的纷纷扰扰，也可能是显得平凡无奇的一些人生片段。被困在拥堵的路上或航班突然晚点，你会做什么？开会前偶得20分钟闲暇，你会怎么做？清早比别人起得早或深夜醒来，你怎么办？你是抓住机会享受安静的独处时光，还是选择逃避？

我敬佩那些将所写运用于自己领导者生涯的作者。9·11事件后，迈克尔·欧文被派往作战区担任情报官，负责处理情报，这些情报性命攸关且对任务能否完成至关重要。“信息量多得令人眼花缭乱，有数据、信号、情报报告、从别人那儿打听到的消息，等等。我必须找个地方一个人静静思考。”一次他告诉我，“所以我就去外面，在38度的高温下长跑，沿着铁丝网围住的三英里跑道一圈圈跑。跑道是我能找到的可以让自己静静思考、理清思路的地方。”在一次关键时刻，欧文理清了思绪，即使和上级军官意见相左，也能鼓起勇气坚持己见。最终大家被他说服，而且接下来的事实也证明他是正确的，任务成功率大大增加。

艾森豪威尔将军看透了领导力的本质，他认为领导他人是一门艺术，是一门让他人心甘情愿地完成你认为必须要完成的事的艺术。真正伟大的领导者为什么与众不同？秘密不在于性格，而在于领导者以既虚怀若谷又意志坚定的态度献身于超越了个人所追求的伟大事业。这是一种突出的品质，在关于优秀到卓越的研究中，我们给它起个名字叫“五级领导力”（Level 5 Leadership）。独处帮助我们弄清楚了必须要做哪些事，并给予我们坚持下去的勇气，只有这样，五级领导力的种子才能生根发芽、开花结果。领导这种行为堪称壮举，不需要鲁莽逞强而需要淡定的心态和清晰的头脑。

我们生活的时代充满了纷纷扰扰、噪音和干扰，到处都是闹哄哄的。电子邮件、短信、有线新闻、广告、手机、会议、无线网络连接、社交媒体帖子等等，而且在你读这本书的时候新的侵扰形式也在不断被创造出来。如果说从优秀到卓越的第一步不在于你要做什么，而在于你是谁，那么你该在什么时候用什么办法去远离喧嚣，找到目标，然后集中力量追求目标呢？

本书说明为什么追寻优秀者必须自律，创造出适合安静思考的空间来理清思路，并拿出勇气坚持有条不紊的行动。这一点对当下的我们比过去任何时候都重要，否则我们只有到年末才幡然醒悟这一年什么重要的事情也没做，一年年时光飞逝，而我们一直在做无用功。所以静下心来待一会儿，读读这本书，努力修炼独处之道吧。

吉姆·柯林斯（Jim Collins）

科罗拉多州，博尔德市

|引 言|

每个人都是独立的个体

御人者必先御己，这是本书的主旨。

关于领导力，德怀特·艾森豪威尔（Dwight Eisenhower）是这么定义的：“是让他人心甘情愿完成你想让他们完成的事的艺术。”但这并不是说领导力就等同于用人，任何人包括领导者都必须承认每个人都是独立的个体，也就是说要让他人把你设立的目标当成他们自己的目标一样，这是非常困难的。要做到这一点，你得首先明确你的目标，即使会有巨大的压力迫使你退缩，你的思路也要非常清晰，信念十分坚定，只有这样才能够坚持下去。那么要如何获得清晰的思路、坚定的信念，以及在逆境中坚持下去的道德勇气呢？人们通常不会把这个问题的答案同领导力联系起来，而这个答案就是独处。

从这个意义上来说，独处不仅仅意味着远离人群或走进自然，虽然对某些人来说可能如此。这里说的“独处”可以是独坐在餐厅，也可以是在雷尼尔山（Mount Rainier）避静。这不是一个客观的概念，而具有主观性。其实就是一种主观的心境，将自己的思维与他人的思维隔绝，独立思考问题的解决。这种隔绝通常可以像梭罗（Thoreau）或长跑者那样的方式长时间维持，也可以是断断续续的，比如读一会儿书——当然书中所述皆为他人所想——然后停一会儿想想一段话的意思。但在隔绝时段前后你做的事情必须要让你的注意力集中而不是分散。

对于有些人来说，独处好比一项需要努力才能完成的工作。不是那种假装的工作，比如啪嗒啪嗒敲敲键盘回复一封午餐邀请邮件，或上网的时候皱皱眉头。领导者的独处是富有成效的，意味着领导者是在有目的地运用独处的时间，脑海中有清晰的目标。在富有成效的独处状态下，你的大脑不停运转——不是被动消极地，而是主动积极地，就像你调动一块大肌肉一样——在你将脑海中的信息条分缕析、整理合成的时候。

一旦你成功在独处中保持大脑运转——如果你切实做了那么通常都会成功——你将能够洞穿问题的本质，甚至更有远见，你的思想和心灵将息息相通，眼界更加清晰，精神备受鼓舞，从而形成坚定的信念。这种信念就是领导力的基石。

因为真正的领导者意味着你要选择那条更艰难的道路。容易的路有很多：前人走过的，都畅通无阻——以官僚主义为藩篱的，无须苦苦探索，只需顺着走；爱听手下好话的人，谄媚者招摇而过。不走其中任何一条路需要深思熟虑和坚定的意志，不是因为放弃了这几条看上去显然正确的路，而是因为离经叛道必然会遭遇某些后果。

挑战传统的领导者必将遭受顽固派的反对，他们会试图从道德上强迫他，如果不行就猛烈抨击他。而挑战官僚主义的领导者通常会遭受更加严酷的对待，因为官僚主义的机器一有机会就会像坦克一样从他身上无情碾过。做出不受待见的决定的领导者必须甘愿承受这种决定所带来的后果，至少在一段时间内。

事实上没有人会仅仅为了自身利益而去遭这些罪。领导者愿意承担后果是为了实现伟大理想——发自内心的理想。这时候就需要独处了。独处让人思路清晰，让人意识到容易之路非正确之路。独处使思想和心灵融合，让领导者内心产生强大的信念，而这反过来会给予领导者勇于承担后果而不是循规蹈矩的道德勇气。

此外，这些后果都只是在我们征程的后方。而前方等待我们的是面临传统意义上的逆境，如目标执行过程中痛苦的代价、挫折和错误，出师不利甚至屡战屡败。内心空洞的领导者会在狂风暴雨中崩溃，用独处武装自己的领导者才能屹立不倒。

所有这些都表明，如今领导力的根基已经岌岌可危。如果说独处的一个要素是精神上与世隔绝，那么与之相对的就是卷入尘嚣，而今天领导者在精神上比以往任何时候都容易受到侵扰。这一点几乎无须解释：电子邮件、短信、推特等，更不用说互联网本身，这些媒介不断向领导者（以及几乎所有人）大量输送他人的想法。当然这种现象也能带来好处，一些信息可以说是有益的，但本书重点要说的是，我们如今应当得到更多的隔绝空间，领导者尤其如此。

在现实社会中，我们所接收到的信息大部分在本质上都是肤浅的，比如在哪见面、吃什么、买什么的信息，或是在不同时间得到的支离破碎的想法，这些想法本该至少得到整理，起码要变得连续、完整。这些接收到的信息如同上千个小矮人一样，密密麻麻、遍地都是，只会分散、束缚我们的注意力，让我们只关注浅薄的思想。我们的心灵一样深受其害——不再挖掘汲取灵感的源泉。严谨的思维很少能从吃饭或开车时发的短信中得到培养。对这些接收到的信息进行回应就像打无数只苍蝇一样，从中根本无法产生思考和灵感，因为思想和心灵会因此而僵化。

另一个问题和我们今天用来沟通的手段无关，而和方式有关。如今这样的现象俯拾皆是：沟通的时候喊叫而不是交谈，争辩而不是倾听，一听到批评就反驳而不是停下来想想有没有道理。我们的文化没有越来越高尚，反而越来越高傲。既美丽又得体叫作优雅，本就脆弱，却仍在粗鲁中消耗殆尽。

但独处的力量仍能释放优雅，通常也能产生高尚的情操。林肯、丘吉尔、马丁·路德·金（Martin Luther King）等历史人物的例子说明，高尚的领袖也是得力的，能够激励而非煽动追随者，并让他们投身于造福大家的事业。

这些问题都是可以解决的。过去，领导者在不知不觉中运用了独处的力量，而在今天却需要有意地让自己处在独处的环境中。其中一个解决之道就是自律，通过自律来让自己不受侵扰，退出喧嚣，完完全全远离世俗的窥探。这也需要远超常人的道德勇气，因为在今天看来这绝对是种离经叛道的行为。另一个解决之道则是必须首先采取的，那就是要增强意识，明白我们在轻易接触到纷繁信息的同时内心缺失了什么，并且认识到这种缺失所带来的弊端不利于领导力的发挥。

本书旨在让独自思考的力量重新得到应有的重视。

目 录
Contents

| 第三部分 |

如何成为一个好的领导者

| 第四部分 |

从优秀到伟大

| 第一部分 |

孤独时我们可以得到什么

第一章 清晰思路

在德怀特·艾森豪威尔作为一名领袖所做的所有决定中，最重要的一项是，在 1944 年 6 月 6 日而非两周后发起诺曼底登陆。做这个决定有很大风险，因为有件事会导致这个决定失败，而且发生的概率非常大，那就是如果 6 月 7 日的天气状况使支援部队无法登陆，那么前一天登陆的军队就可能不得不退到海上。但是决定延迟登陆也有另一种风险，那就是德国人会发现盟军计划登陆的位置。因此艾森豪威尔不得不权衡所有风险，在其中做出选择。仔细考量后，他得以理清思路，判断出哪种选择能够让行动的成功率最大，这才做出最后的抉择。

领导者常常难以理清思路。近忧往往会影响一个人所做的决定，甚至不会让人去考虑长远的打算。一些决定本质上就有极大的复杂性，大量变数必须以某种方式呈现，这样领导者才能成功。如今，人类工程学家称之为信息超载的现象让决策比以往任何时候都更加困难。通过电子邮件、会议和电话，海量信息蜂拥而至、泛滥成灾，只会让领导者分心，令他思维混乱。或者，领导者接收到的信息七零八碎，于是就可能用假设填补空白，这就会导致有时候没有真正的理解。领导者的重大决定，从本质上来说，通常不是非黑即白的。相反，做决定的过程包括“权衡相互冲突的利益，然后基于某种标准明确起主导作用的利益。如此思考的结果是个人的一种判断，带有主观色彩，就好比说贝多芬作曲比勃拉姆斯好”。

独处有助于理清思路。领导者只有通过努力分析想通复杂问题——就像艾森豪威尔在登陆日之前所做的那样——才能明确解决问题所需的必要条件；只有平息周遭喧闹并滤去内心嘈杂，才能听到直觉微弱的声音，而直觉的潜意识思维可能已经发现了意识思维尚未发现的关联；只有清楚自身劣势，才能扬长避短。

独处也带来别的益处，是一种更加务虚的收益，但重要性同样不打折扣。最好的工作是受灵感启发的工作。善于反思的领导者不仅会问自己应该做什么决定，而且会问自己的行动是否能够促进某种更大目标的实现。登山者不仅是为了爬山而爬山。教师能教给学生的不仅只有课堂上的内容。特殊需求儿童的父母或许能从孩子和自己努力生活的过程中发现深刻的意义。最能鼓舞士气的领导者是那些发现了超越手头任务的清晰意义的人。而这种意义就来源于深思熟虑。

清晰的逻辑分析和清晰的直觉判断两者的基础都是清楚的头脑。比尔·乔治（Bill George）介绍了一种让头脑清楚的方法。乔治是美敦力公司（Medtronic Inc.）一位非常成功的CEO，也担任过其他高管职务。他现于哈佛商学院任教，著有畅销书《真北》（*True North*），书里他建议领导者认真思考自己的核心价值，以此来给自己指明方向。

“有效领导力的一个重要元素不是优先做紧迫的事然后再做重要的事。”乔治说，“今天人们过于强调紧迫的事了。这对领导者来说一直十分不利。”乔治强调，深思不只针对内向者而言。“我非常活跃、外向，很有干劲。”他说，“三十几岁的时候，我的事业风生水起，有了一个孩子，另一个孩子也即将出生。”但这段时间他每天回到家就已经筋疲力尽了。“我每晚都加班到七八点，回到家后吃晚餐、看杂志，然后就头昏脑涨地睡着了。”

然而也正是从那时起，乔治开始每天冥想，尤其是超觉冥想（禅修的一种手段）。他说：“我不知道超觉冥想为什么会有用，但确实有用。冥想的时候你会慢下来，静静深思。这其实是一种内省的过程，这是令一个人放松再好不过的方法了。”

超觉冥想的过程很简单。修行者（即冥想的人）最好每天冥想两次，每次20分钟，一次是一天的工作开始前，另一次是一天的工作结束后。即使每天做一次也比不做要好得多。每次冥想的时候，修行者要把注意力集中在“祷语”上，并在脑海中一遍遍重复。祷语通常是一个字，没有硬辅音，对修行者来说也没有什么含义（比如“Ayam”）。

然而修行者在实践过程中通常发现注意力会经常偏离祷语，转向貌似自己蹦出来的各种思绪。这些思绪通常关乎最近能引发修行者情绪波动的事情，比如让修行者感到满足、骄傲、快乐的事情，但更多的是一些令人感到焦虑、担心或害怕的事情。

当注意力转向消极思绪的时候，修行者的心率就会加快，而且可能真的会觉得紧张感贯穿全身。但集中精力想着祷语，同时任由注意力转向郁结于心的紧张情绪产生的思绪，这一过程不失为一种纾解消极思绪以及随之而来的紧张情绪的方法。这个过程被修行者称为“净化”。

在冥想中消耗的时间多少要看修行者开始冥想时情绪有多激动。乔治说他的“思绪通常在10到12分钟后就稳定下来”。净化过程结束后，修行者感到平和、镇定。独处的过程中产生了洞见，也就是直觉，有时候往往冥想还没结束就已经在脑海里清楚地显现了。

之后修行者就能把精力集中到他想关注的事情上了，此时他心中一片清净。冥想增强了领导者分析问题的能力。“完成冥想后，事情似乎明朗了。”乔治这样评价自己的冥想过程，

“然后我随手拿了一张纸，把我的想法写下来”。

彼得·克劳福德（Peter Crawford）是个博学多才的隐者，他通过很多方式进行独处。彼得是土生土长的加州北部人，从耶鲁和斯坦福商学院获得了学位，曾在麦肯锡公司任职，目前在嘉信（Schwab）理财公司担任高管。“对我来说，独处带来很多好处。”他说，“有认知上的，情感上的，精神上的，以及身体上的。”成长过程中，他在几个“关键时刻”都寻求过独自思考。“一天晚上在高中学校里，我被申请大学的事搞得筋疲力尽。所以我骑上自行车来到要塞公园（Presidio）。我在黑暗中骑了一小时。我只想离开。”到了耶鲁大学，大四前的那个暑假，彼得的同学都在贝恩（Bain）和高盛（Goldman Sachs）实习，而他却在华盛顿州偏远地区当护林员。“我在理清思绪，想清楚我毕业后到底要做什么，我需要清晰的思路。”

在嘉信当高管的时候，彼得每天都会习惯性地独处——虽然他说“你不说我其实都没感觉到自己是一个人”。每天早上彼得在5点醒来，锻炼身体，然后早早去上班。“每天第一个小时最适合思考。”他说，“在晨光中我的头脑非常清醒，就好像把电脑上所有访问记录都清除了一样。清空后，我的大脑就能更好地运转。”

彼得在家附近夜跑的时候也能理清思路。他这种做法类似于佛教的“行禅”，修行者不用凝神想某个祷语，而是把全部注意力集中到行走这项运动上——抬起一只脚，再抬起另一只脚。彼得跑步的时候头上戴了照明灯，以便于看清前面的路。“没有音乐，没有耳机。”他说，“我把自己放空，把头脑中的东西清空，只想着自己的步伐。”

莉莎·霍华德（Liza Howard）也是通过长跑来厘清思绪的——她每次都跑很远很远。莉莎是全球顶尖的超长距离马拉松赛跑运动员，经常在世界各地参加比赛并多次获得 100 英里跑冠军。（她个人最高纪录是跑 100 英里用了 15 小时 7 分钟，每英里花 9 分钟。）她一般会穿越得克萨斯州西南部的丘陵，道路崎岖，沿途可看到橡树和刺柏，或仙人掌和龙舌兰。

莉莎所说的跑步的作用恰恰正是比尔·乔治所说的冥想的作用。“是一个净化的过程。”她说，“剥离掉日常生活的琐碎，留下重要的东西。”不过跑步的过程不同于冥想：“大部分注意力都消耗在运动上，剩下的注意力就容易聚焦到所想的事情上。”退役海军陆战队上将詹姆斯·马蒂斯（James Mattis）也表达了同样的意思。“运动与思考并不是水火不容的。”他说，“把紧张情绪化解到体育活动中，能使思维清晰。”

独处能使思维更有条理，而这反过来可以促进逻辑分析的能力。彼得·克劳福德用给自己写备忘录的方式来理清思路。“我的备忘录通常是不给别人看的。我只是有条理地收集自己的想法而已。”他在麦肯锡的时候就这么做了。“那里非常重视一个人的思路是否清晰。”他写备忘录的时候会沿着一条主线：“我们所面对的情况——我们将会遇到的挑战——我们应该做什么。”这是彼得用来分析情况、困难和解决方案的逻辑模式。

在家中，彼得是丈夫和两个孩子的父亲，他也用同样的方式理清思路。“我写育儿日记。”他说，“刚开始只想记录美妙和感动的瞬间，方便日后回忆。但我渐渐意识到可以通过记日记的方式收集自己在育儿方面的想法，比如我们遇到的麻烦、面临的艰难抉择等。带孩子的时候，我们有过喜悦，也有过苦恼和怀疑，还会自我反思。”彼得往往在夜里写日记。“有时候我忙完就感觉累瘫了。但我会整理思绪，这样就有了新的见解，精力也恢复了。”

和彼得·克劳福德一样，萨拉·迪拉德（Sarah Dillard）也喜欢在独处的时候整理思路，让思维更有条理。萨拉是教育领域的创业者，曾在联邦教育部担任高级官员。她还牵头促成了孟菲斯市（Memphis）两大校区的合并，一个校区里大多是黑人学生，另一个大多为白人。时至今日，这场校区合并仍然是美国历史上最大的一场。不久前，她曾任四方教育（Quad Learning）高管，这是一家帮助社区大学提高毕业率的咨询公司。如今她创办了自己的公司——SPD 教育咨询公司（SPD Advisory）。

“对我来说，独处有两种，一种是日常生活中习惯性的独处，一种是在大自然中独处。”她说。每天，她都步行15分钟去位于华盛顿的公司上班。“每天在上班路上，我都会对未来进行展望，而不是反思过去。我定下一天的计划，明确自己需要做哪些工作、完成什么事。”在工作中，她电脑上一直有个打开的文档，里面记录了一件件会导致情绪波动的事。“我把每个事项都用彩色标注。”她说，“绿色的是我感觉良好的，红色的是我感觉不好的，而紫色的则意味着我会以不同方式处理。”

每周三早上，萨拉会在家工作几小时，一个人静静回顾那些事项。“我把记下来的事情联系起来，反思我们团队是怎么做的。有哪些做成了？哪些没做成？我在了解团队的表现。”

在评价手下每个人的表现时，萨拉也遵循同样的方法——收集数据，然后反思。“我和每个同事一对一谈话。每次谈话之后，我就在谷歌便签里记录下我们谈了什么。每个季度我都回顾自己和每个人的谈话记录。在回顾的过程中，我会意识到一些自己之前没发现的事情，有时会注意到哪些方面做得好，有时也会意识到哪些方面做错了，需要道歉。”

萨拉还认为全公司都应当进行反思。“我无法想象一些创业者竟然不反思自身。”她说，“在初创公司里，你必须快速学习，否则是不行的。而反思是学习的关键。对于你第一次做的事情，处理方式有很多。但如果你只是耽于现状，不反思，你就永远都不知道其他的可能性，就无法了解到哪种方式是最佳的。”她也说：“在初创公司里，你会遇到很多‘未知的未知’，所以你要研究这些未知，从中学习，否则你永远不清楚发生了什么。”

内特·菲克（Nate Fick）是畅销回忆录《一颗子弹的距离》（*One Bullet Away*）的作者。他在独处的时候既进行逻辑分析又用直觉思考。“在独处的时候才能理清思绪。”菲克说，“除非你只是回应别人的想法，而不是自己引领方向。”

菲克曾任海军陆战队侦察官，在2001年阿富汗战争和2003年伊拉克战争中服过役，后来在华盛顿一家有影响力的国家安全智库新美国安全中心（Center for a New American Security）当过主席。他现在是网络安全公司安德伽玛（Endgame）的CEO。“我告诉助理，我每天需要90分钟时间关起门来独自思考。”他说。对手下员工也有同样的要求：“我告诉我的员工，每个月要有两天完全没有任何会议的时间，否则每天太过忙乱，就没有时间消化或思考。唯一的解决方法，除了像梭罗那样与世隔绝，就是创造独处的空间。”

菲克有办法打破与外界保持联系的常规。“某种程度上，我们接收到的信息会打扰我们。”他说，“我家书房里以前有个电话，上面有个闪烁灯。每次来电，灯就闪啊闪的，我觉得很崩溃。所以我就把这个电话扔了出去，买了个20世纪70年代的旋转号盘电话机，于是再也不会被语音信息和闪烁灯打扰了。真是个极大的改善。”在户外，他也寻求独处的机会。“我在切萨皮克湾（Chesapeake Bay）航行。”他说。他的帆船适合全家出游，又适合独自使用。“如果我不能单独出海，那要这条船干吗？”

菲克在独处的时候会产生一种直觉。“那些渗透进潜意识的东西变得具体，逐渐成形了。”这一过程通常在跑步时发生，菲克可以连续跑90分钟或更久。“我常常边跑边想，‘这就是我要搞清楚的事情’。于是我开始思考，虽然没两分钟我的思绪就飘到别的事情上。但几乎我每次跑完以后，我已经将注意力绕回到那件事上，并完成了思考。整个跑步的过程就是让杂念慢慢过滤掉的过程。”

彼得·克劳福德也有相同的跑步经历。“通常我正面临困难，比如一个战略性的问题，一场必须要做的演讲，一次需要进行的对话，或一个必须做的组织决策的时候，我就会选择去跑步。跑步的目的并不是为了刻意去思考难题，而是在这个过程中一个主意或答案会突然蹦到我脑海里——要么在我正跑步的时候，要么在我刚跑完之后，总之我的头脑变清楚了。”

退役的美国陆军四星上将斯坦利·麦克里斯特尔（Stanley Mcchrystal）也同样通过独处来获得直觉。麦克里斯特尔将军曾任多项要职，2009到2010年担任驻阿富汗美军最高指挥官，2003年到2006年担任联合特种作战司令部司令，著有自传《我在部队的职责》（*My Share of the Task*）。他是讲领导力的书《赋能》（*Team of Teams*）的合著者，同时还是位于弗吉尼亚州亚历山德里亚（Alexandria）的一家咨询公司麦克里斯特尔公司的成立人之一。

“独处对我来说只是提供思考的机会。”他说，“我不需要在很安静的地方，只需要在能够集中注意力的地方就行。”在被派到中东的时候，他经常在空中寻求独处时的宁静。“开直升机特别适合思考怎么做决定。我戴上耳机，没人打扰，不用收邮件，只要一直看着沿途脚下棕色的地面就行。心无旁骛。”运动的时候他也能找到独处的空间。“我不和别人一起跑步，也不和别人一起锻炼。”

麦克里斯特尔将军说：“技术改变了领导力。如今有了电子邮件，要联系到领导者几乎没有什么障碍。我不想对别人无礼，而且回邮件让你感觉自己完成了很多工作。但是当你在回邮件的时候，你没有时间去思考。”

他认为自己“不善于以第一印象评价别人。我只有运用直觉才能评价别人，产生直觉需要花一些时间”。他成为管理者时候做出决定的过程也是相似的。“有时我必须一步步考虑问题，只有独处的时候才可以这么做。独处让我始终记得什么才是重要的。”直觉告诉麦克里斯特尔将军某个决定是否符合他自己的价值观。“通过聆听别人的想法，我确实收获很多。乍一听完，我可能会形成一个即时的反应。但我的价值观可能无法每次都对这种即时反应进行管理。所以我最好还是不要立刻做出决定。最好消化消化接收到的信息，然后再做出决定。”他说，“如果我一个人静静地思考一会儿，那么我就会发现我又回到自己的价值理念了。”

“我当团长的时候，在一次作战前，我们用一晚上的时间想出了一个具体的计划。”他回忆道，“为此我们投入了很多精力，也做了很多分析论证。然后我睡了几小时，醒了，才发现这个计划完全是胡扯。计划是在我的指导下形成的，分析论证也是在我的指导下做出的，但直觉告诉我计划错了。”

他的经历说明，直觉的产生需要精神上的宁静。“当时，我只是对外部刺激做出回应。但后来，我的价值观通过直觉占了上风。如果我感到某个分析或建议不太对，那么我会遵从直觉。这种直觉正是通过独处激发产生的。”

霍华德·普林斯（Howard Prince）也在非常棘手的情况下运用过直觉的力量。如今他是美国著名领导力学者，是得克萨斯州大学奥斯汀分校（University of Texas at Austin）伦理型领导学“劳埃德·哈克勒”名誉教授。早几年当过里士满大学（University of Richmond）杰森领导力学院首任院长。此前他当过陆军军官，获得了心理学博士学位，在西点军校（West Point）建立行为科学和领导力系，服役 28 年后于 1990 年以准将身份退伍。

普林斯认为：“领导者和被领导者的关系是两相情愿、

相互依存的。领导者选择信任追随者，追随者也选择信任领导者。这就意味着，即使是在军队里，你也不能对别人颐指气使。领袖必须转变自我，不要只当指挥官或老板，而要成为领导者。领导者会和追随他的人互动，让他们相信这个人是值得追随的，他去哪他们就愿意跟着去哪。”普林斯说：“独处能让领导者如虎添翼，但人们往往认为领导者必须要活力四射、非常外向的。而且人们也片面地认为多做就是好的，所以经常会听到这样的话：‘拿出行动来！’然而有时候更重要的事是停下来整理一下你的思绪。”

普林斯就是这么做的。当他还是军队上尉时，在一次战争新春攻势期间担任连长。三周前，对方军队打破停火协定，在春节假期进攻。于是美国海军陆战队为了夺回这座城，就在城内开展激烈的巷战。普林斯是“空中骑兵”营的一员（骑兵一般驾驶 UH-1“休伊”直升机飞来飞去），2 月初的时候，该营驻扎在这座历史古城西北约 10 英里处。空中骑兵营有 4 个连，每连 125 人。普林斯指挥 B 连，上级营长是中校吉姆·沃特，他是南卡罗来纳人，体格强壮，当列兵的时候曾参加过二战。沃特几天前才奉命接管普林斯所在的营，上一任营长在火箭攻击中阵亡。普林斯回忆道，沃特是个一流的领导者。“他与部下共担责任，并营造一种实话实说的氛围。沃特给自己挖散兵坑，还教我们怎么挖。他和我们一样经受战场上的枪林弹雨，而且不等伤员全部撤离他是不会离开战场的。”

至于实话实说这一点，普林斯回忆起他和沃特的第一次见面。“他一大早就来了，全副武装。他走到我面前，先自我介绍，然后说：‘我其实怕得要死，我想你也是吧。现在我们已经说开了，那想想接下来怎么办吧。’”几天后，空中骑兵营在古城外遭遇了第一次战斗，然后普林斯的无线电接线员和旅总部连线对话，商量死亡人数统计，也就是估算一下交战中敌军死了多少人。“让统计死亡人数实在是可恨。”普林斯说，“我们根本不知道我们杀了对方多少人。大家都用同样的方式处理伤亡人员。当沃特听到我的接线员在和总部商量死亡人数怎么算的时候，他大步走过去，一把抢过电话，朝对方大吼：‘我们不知道死了多少人！滚！’这是非常关键的领导力行动。他在营造一种实话实说的氛围。”

2 月 5 日，沃特的营收到命令，要徒步前往古城。“第一天我们就和对方交火了。”普林斯说，“敌军击落了一架休伊直升机。沃特让我去找机组人员。我们没找到他们，永远都不知道他们怎么了。”2 月 7 日，空中骑兵营到达古城西北约四英里处的通拉村（Thon La Chu）。敌军在林区边界击落了另一架休伊。沃特的营在林区里驻扎起来，这片林区叫作通寮古常（Thon Lieu Coc Thuong）。“树木是新种下的，才刚刚开始生长。”普林斯说，“在里面可以通行无阻。”在广阔干燥的稻田（“当时是旱季，没有种水稻”）东南 300 米处，是另一片林区，叫作通桂村（Thon Que Chu）。在通寮古常边缘的一个观察哨，美军看到敌军在通桂村一个大型混凝土掩体周围密集活动。“我们不知道他们有多少人在那里，但我们发现确实数量庞大。”普林斯说。

第二天，2月8日，沃特命令普林斯的连队在从稻田到通桂村的路上进行战斗侦察。“稻田非常开阔。没有可用来掩护或隐蔽的地方。”普林斯说。下午1点，他的部下呈一路纵队前往通桂村，他们在丛林中行动的时候一直是这样的。穿过稻田时什么也没发生，但进入通桂村林区时，他们受到了三面伏击，先头分队的士兵都倒下了。沃特的部下谁也没有想到，敌军有一整个团埋伏在那里，兵力是沃特营的五倍。普林斯的部下当然寡不敌众，毫无胜算，他们花了三小时奋战终于甩掉了敌军，退回通寮古常。

四天后，2月12日，沃特营的另外三个连攻打通桂村，普林斯的连留下备用。“他们被击退了，无法突破敌人防线。”同时，美军和敌军日夜用迫击炮火拼。“感觉我们一直在被打。”普林斯说。单单一个下午，普林斯手下就有13名士兵被迫击炮击中。2月20日，普林斯的连里，除了他自己和一个刚到越南两周的少尉，其余军官全部阵亡或负伤。

2月20日下午，沃特把手下的连长聚集到一起，向他们简要说明第二天的进攻计划。“我们收到的命令是拿下敌军阵地——不惜一切代价。”沃特告诉他们。副营长、少校查理·巴克驾驶小型侦察机在敌军阵地上空侦察后制订出进攻计划。这个计划非常复杂：三个连从不同方向攻打敌军，普林斯的连打头阵——该连人数由于伤亡已经损失一半。此外，普林斯的连不是呈一路纵队穿越稻田，而是肩并肩形成横排，其中两个排在前方推进，另外两个排在后方抵抗敌军的火力压制。然后，后排机动至前排，原先的前排抵抗火力压制，如此交替前行。一旦沃特的营进入林区，另外两个营就会前来支援。

那天晚上普林斯把四个排长叫到一起，向他们介绍这个计划。一个排长就是那个新来的少尉，另外三个排长都是中士，因为之前指挥这几个排的少尉要么阵亡要么负伤了。普林斯告诉他们第二天早上要采取的行动，然后解散。那时正是傍晚。

不一会儿，那名少尉回来了。

“长官，他们不照办。”他说。

“你说他们不照办是什么意思？”普林斯问。

“他们就是不肯照办。”

想到这里，普林斯说：“我清楚地记得当时的想法：‘他们不肯照办是什么意思？这个计划在战术上天衣无缝！而且合情合理！’”普林斯把少尉打发走。“我简直火冒三丈。但我其实很害怕，只是这种害怕以愤怒的形式表现了出来。我想跑过去朝他们发一通火，但不知怎么的，我控制住了。”

那一刻，普林斯面临领导力的终极危机。“我扪心自问：‘你现在要做什么，上尉？’我的训练或实战经验没法告诉我应该做什么。”而且有两样东西妨碍了他清晰地思考。一个是情绪干预：像普林斯一开始那样如此恐惧且愤怒是不可能清晰地思考的。另一个是支离破碎的信息：他真的不知道为什么那个排的兵就是不肯按照计划行事。

普林斯没有立即做决定，他选择一个人静静。“我独自怒气冲冲地在树林里走了半小时，就在我们营区范围内。黑夜慢慢降临。我试着整理思绪。”普林斯试图分析问题，但他分析不出来。“我就是不明白他们为什么会那样。我想了一个可能的原因，然后又想了一个。没有一个说得通。”最后他的怒气渐渐消散了。普林斯换了一种方法。“我让思绪沉淀下来，让我自己自由思考。”最后，他平静下来，一个直觉浮现了。“我需要和他们谈谈。好好谈谈。不是朝他们大声嚷嚷。不过我还是不知道去了他们那里具体该怎么做。”

普林斯去了那名少尉带的排。所有士兵以及那个少尉都低着头。“没有人与我对视。”

普林斯开口了：“我说，你们怎么了？”

刚开始没有人回答。后来一个士兵说：“长官，我们在想明天你是要让我们都去当炮灰，这样你自己好得到荣誉勋章。”

普林斯大吃一惊。“你什么意思？”

“长官，我们以前从来没这么行动过。”

普林斯回忆道：“现在明白了。我知道该怎么做了。”

有效实施领导力的第一步是了解你的受众，在那一刻普林斯了解了他的部下。“他们习惯了在茂密的丛林里寻找敌人，以一路纵队行进。每个人除了先头侦察兵外都感到相对安全，我们每 30 分钟换一次先头兵。而对于我们第二天要做的行动，他们没有受过战术上的训练。排成一行穿过开阔的稻田，这个主意让他们觉得自己在朝敌军阵地行进的每一步都岌岌可危。”“我蹲下来，在泥地上画出我们明天的战术。我们在 2 月 8 日遭到伏击就是因为排了 路纵队。我跟他们解释说明天的方案是最好的，而且只有这样才能打到敌军阵地。”

普林斯的部下站在那儿听着，看着他在泥地上画出作战计划图。一些人互相看了看对方。最终其中一个人代表整个队伍开口了。

“好的，我们会照做的。”

普林斯解决了问题，第二天他的部下成功拿下敌军阵地（普林斯本人在战斗中几乎受了致命伤，后来在美国一家医院住了七个月）。“所以还要回到两相情愿、相互依存这个关系上。”普林斯说，“问题是他们不了解情况。我需要引导他们，而不是命令他们。”在越战中，有时候，如果士兵觉得长官无能或好高骛远，要让部下都去送死，那么这个长官会“被弄死”：有人会半夜把手榴弹扔进他的帐篷里。普林斯说：“如果我做得过火了，朝他们大吼大叫，以上级身份压他们，我相信我肯定会在进攻前一晚遭到报复。”

领导者应该努力让自己头脑清晰，不仅要清楚了解所面临的挑战，也要清楚地认识自我，知道自己有哪些强项和不足。内特·菲克认为“自知之明和自我意识是有区别的”。菲克认为，应该警惕自我意识，这是一种外向的思维，会导致装腔作势，让我们以别人的看法来做出决定。而自知之明是需要培养的，自知之明就是对自身力量的认知，这种认知决定了领导者在面对一件事情时，会如何理解以及采取何种做法。这种思维从根本上来说是一种内省的思维，通过长时间思索，领导者可以获得洞见。因此，菲克说：“我认为独处对培养自知之明有着至关重要的作用。”

获得自知之明的另一种方式是使身体受苦。“痛苦能打开人身体潜能的大门。”超级马拉松选手莉莎·霍华德说，“身体上的痛苦让你低到尘埃里，让你卑微。你在苦难面前无处躲藏。你必须决定你是谁，你要做什么。”彼得·克劳福德也有类似的经历。“我从小就爬山。”他说，“爬到高处，你就会觉得自己洗尽了日常生活的铅华，让你返璞归真，你也能更好地展现自己的本性，然后加以锻造。”

获得自知之明的另一种方式是反思。比尔·乔治在哈佛商学院教导研究生要“咀嚼你生活中的故事。你需要反思生活带来的考验，反思自己是如何应对的。这些经历可以让你了解自己的性格，知道在哪些方面可以提高”。

内特·菲克将乔治的教导付诸实践。他对比了自己被派到国外执行公务后的两次回国旅程。“任务结束后，我们坐飞机回家。从出发地回到洛杉矶只要 72 小时。我们没时间来消化变化，难以调整自己。”但是另一次的回国旅程不同。“我们是坐船到那里的，也坐船离开。船很小，船尾有个给直升机用的飞行垫。船上有 1000 人，但是船的上层很大，我们可以一直待在舱外。我每天待在外面两三个小时，经常是独自凭栏。我们距离海面有 50 到 70 英尺。环顾四周，水天相接，遥遥在望。我们离陆地有 1000 英里。夜晚星空绚烂。这次回家之旅消除了我们的疲惫，令我们心旷神怡。”

菲克的海上之旅说明了领导力的精神层面。领导者从日常生活的狭隘中脱离出来，与某种超凡的目的或意义产生共鸣，这种共鸣有时候就是人与壮美自然的和谐统一。彼得·克劳福德在旧金山附近太平洋沿岸塔玛佩斯山（Mount Tamalpais）上的两小时越野跑中找到了这种共鸣。“那一刻我失去了自我。”彼得说，“我和周围的自然景象融为一体，返璞归真。”彼得每年独自背着行囊去山间旅行的时候也找到了同样的共鸣。“我爱山的巍峨。”他说。四周重峦雄伟。“渺小的自我融入了伟岸崇高的自然。你感到离上帝很近。我其实不是特别虔诚的信徒，但我感到一种欲望，对神祇的渴望。我会有疲惫、透支、挫败的感觉——但是在大山里待了两天后，回去的时候我又精神焕发了。”

萨拉·迪拉德用她所谓的“在大自然中的独处”来重新

找到与自我价值理念的共鸣。“我在大自然中做出的决定是最好的。”她说，“在城市里，有很多能量，其中有一些会侵扰你，让你始终无法接近自己的内心，比如你要完成什么目标，做出哪些成绩，给周围人留下了什么印象。”这些东西可以让人受到外部动机的驱使，以他人的看法来衡量自己的成功。“而在大自然中我遵从内心的召唤。”她说，“大自然令人敬畏，但也让我找到了自己内心的想法。”

她举了个例子。“我和一个伙伴创业，还在初创阶段，然后他不干了。我必须决定是否要独自继续下去，因此我订了去科罗拉多州的单程票，在博尔德市（Boulder）法拉提隆斯（Flatirons）山间一座小屋里待着，在那里我感受到了非常强烈的孤独。”她每天早上在小屋工作，下午则爬山六英里。“在科罗拉多，外部刺激更少了。但独处不仅仅是帮助减少外部的嘈杂，还有认知、情感、精神上的效果。就像别人去教堂做礼拜一样，我在山中独处也会带来同样的益处。而我获得的益处是永久的。我明白了如何正确认识我面临的问题。”最终，她意识到：“这个我以为能办成的项目永远不可能实现，永远不可能成功。当局时感觉混乱，旁观时亦觉无从下手。”但是在攀登法拉提隆斯山的时候，“我清楚地知道自己要做什么。”

苏珊·凯恩用独处找寻提升领导力的方法。苏珊著有超级畅销书《安静：内向性格的竞争力》（*Quiet:The Power of*

Introverts in a World That Can't Stop Talking）。最近，她建立了安静革命公司（Quiet Revolution），教导全球的组织机构要让内向型的员工遵从他们爱思考的天性，这样组织才能发展得越来越好。苏珊本人非常内向，有时候会觉得难以胜任高调的领导者角色。“我从没觉得独处的空间是刻意去创造的。”她说，“我只是自然而然去寻找平和的状态。”

苏珊说：“内向的人通常不想为了当领导者而当领导者。地位高、受人关注等都不是大多数内向者所关心的。当内向者成为领导者时，通常是因为他们正在做的工作对他们真的非常重要。”她举了自己在安静革命工作时的例子。“我们开展了一个叫安静大使（Quiet Ambassadors）的计划，这些大使是热衷于传播我们的理念的人。我们向他们传授理念，教他们如何把我们关于内向者力量的观点传播到全国各地。我们公司对组织机构和个人都有很大的影响力，这让我非常乐意去做这份事业。”

莉莎·霍华德在 2011 年 5 月的长跑中找到了人生的方向，当时她在听关于超级马拉松跑者迈克尔·欧文的广播，广播里说他刚刚建立起一个叫红白蓝团队的组织，旨在通过体育运动和社会活动帮助退伍老兵融入集体。迈克尔的话让莉莎萌生了建立老兵越野跑营的想法。那时，莉莎和丈夫刚搬到圣安东尼奥市。“圣安东尼奥是个大城市，没有大型户外团体，我感到很孤单。我也没几个朋友。”所以她觉得，建立一个由红白蓝团队赞助的越野跑营“可以把大家都聚到一起”。“长距离越野跑有个传统，年长、更有经验的越野跑者向新手传授知识。年长者会告诉新手长跑的时候会遇到什么情况。”老兵越野跑营“可以让老兵融入我们的集体，让大家交朋友”。

但是把这个想法付诸行动的过程非常复杂。“我们不知道谁会来，他们有什么能力，但是我们需要弄明白如何兼顾不同健康状况的人。一些人不能跑太远，但我们也不想给那些善于跑步的人造成限制。我们也必须弄清楚在一周内可以教会人们什么。”莉莎自己跑了几次长跑后，得出了上面这些问题的答案，也考虑清楚了其他困难。“我想要达到思路清晰的状态。”她说。

今天她的理想已经成为现实。她在得克萨斯州罗克斯普林（Rocksprings）建立了雄鹰营（Camp Eagle）。“这是原来在山区乡村的教会营。”她说，“最近的镇离这里45分钟路程。没有电话，要上网也很不方便。”所有营友被分成四组，“根据健康状况和跑步能力，他们在原有的宿舍里休息，12人一间，大家都在大起居室里吃饭”。雄鹰营每年在10月的一个周末开办，从星期五下午到星期一中午。通常有约50名老兵参加，他们不需要花钱，还有几十名群众付费参与，再加上几十个志愿者。

志愿者指导员——被称为导师，都是资深越野跑者。“我们每年都向导师发出邀请，还没有人拒绝过。”参与者需要学习专业跑姿、场地礼仪、急救、受伤预防、营养、体温和水分调节等方面的知识——这些都是莉莎自己在跑步的时候想到的。雄鹰营带来的好处超越了跑步本身。一方面，通过参加活动，参与者能获得一种体验独处的方式。另一方面，“营友之间互相交流联系，与导师交流联系。大家都融入了一个集体”。莉莎认为，这与红白蓝团队的使命相呼应。“活动结束后，大家都满载着兴奋与喜悦而归。”

汤米·考德威尔（Tommy Caldwell）很可能是世界上“最好的自由攀登运动员”。在自由攀登中，运动员徒手徒步登上山岩——通常是一座悬崖，途中依靠裂隙和突出的岩块来稳定自己或借力蹬离。登山者身上系根绳子，是为了在摔跤的时候不至于跌落。现年 37 岁的考德威尔 16 岁时就赢得了人生第一个国家登山冠军。独处是他人生的中心。“独处对我的意义在于让我静静地把生活的碎片编织到一起。”

在独处中，汤米重拾了自己的核心价值理念。其中一条是强烈的共情心理。“独处让我的心变得柔软起来。”他说。正是这种心态让汤米会在人生的关键时刻寻求独处的慰藉。“我人生中所有最重要的决定都是在独处中做出的。所以如果我正面临重大抉择，我就会创造独处的机会。”他说，“我记得有一次我决定要成为大岩壁攀登运动员。这个决定是在开了 17 小时车后做出的。刚开始我并没有想到自己要成为大岩壁攀登运动员，但这段旅程结束时我就做出了这个决定。”

有一次独处的经历不是汤米自己选择的。21岁，正当汤米攀岩生涯要走向巅峰的时候，他在一次意外中不慎用台锯割掉了自己的左手食指。这次受伤威胁到了他的职业生涯：攀登运动员向上攀爬的时候要经常使用手指，尤其是食指。“医生把断指接上了，并试着激活。但接下来几天，它变黑了。”最终医生告诉汤米需要把断指截掉，他再也不能爬山了。“我悲痛欲绝。”他说，“接下来四天，我在医院里回顾自己的人生。小时候我是个小矮子，手眼不协调。登山是我觉得适合自己的第一件事。然而现在我觉得我可能再也找不到生活的目标了。”但是他慢慢坚定起来。“那些日子，在反思中我意识到登山对我来说有多重要。我形成了一种将登山进行到底的坚定信念。虽然很盲目，但是我决定不管那么多。”五个月后，汤米在优胜美地国家公园（Yosemite National Park）的伊尔酋长岩（El Capitan）自由攀登了3000英尺的萨拉瑟壁（Salathe Face）。

接下来几年，汤米成功登上了伊尔酋长岩上几乎所有的岩壁，除了一面黎明之墙（Dawn Wall）——这座墙由表面光滑的花岗岩构成，几乎垂直于地面，被认为是自由攀登者无法登上的。但2007年末，在经历了痛苦的离婚后，汤米开始考虑攀登这面墙。“我的生命中有个空白。攀登黎明之墙可以帮助我填补空白，这是我决定实现的目标。”汤米2010年首次尝试攀爬黎明之墙。当时他和凯文·约格森一起攀爬，凯文非常强壮但经验不足。他们失败了。接下来四年，两人又尝试了四次，但也都失败了。

2014 年 12 月 27 日，他们又尝试了一次。这时他们的事迹已经引起了全国关注，一个大型媒体代表团到现场去报道。和前几次一样，两人把 3000 英尺高的墙面分为 32“层”，他们的目标是登上全部 32 层，中途不得返回地面。如果一人在一层跌落——会先往下掉 50 英尺然后被绳子吊住——他就必须从头开始。白天他们在条件允许的时候攀登。夜晚他们睡在一个 6 英尺长 4 英尺宽的“单点吊床”上，距地面 2000 英尺高，用尼龙绳拴在陡峭花岗岩墙面的支点。每天一个攀岩运动员朋友通过绳索上升 1200 英尺给他们送水和补给，汤米或凯文用滑降下去跟他碰头。

攀岩过程开了个好头：头 6 天，两人都顺利登上了前 14 层。之前他们从没超过 12 层。虽然进展顺利，但汤米总感觉他们无法到达目的地。“在上面的时候媒体把我们团团围住，闹哄哄的。”摄像师从山顶悬吊下来，拍摄两人的一举一动。更要命的是，在伊尔酋长岩，汤米和凯文手机有信号，还能上网，所以汤米觉得有义务要每天发推特动态报告进展。他很讨厌这样。“我真的很懊丧，因为手机让我们如此分心。”他说。前一年，汤米和另一个朋友在巴塔哥尼亚（Patagonia）攀登了 5 天，当时没有手机信号。“阿列克斯和我在攀登的时候全情投入。”他说，“很奇怪为什么这次不一样。是因为我们分心了。我们没有在思考攀登的意义。”

然后凯文遇到了大麻烦。接下来7天，汤米成功登上15到20层，但是凯文在攀爬15层的时候跌落了10次。“我尽一切努力来帮助凯文，白天爬山的时候指点他，晚上休息的时候在吊床上探讨。”凯文尝试攀爬15层的第6天，发生了一件意外的事，而这场意外预示了事情的结局。“那天晚上我回到我们的吊床。”汤米说，“凯文刚完成一系列尝试，已经心力交瘁。我把我们的手机放在前胸口袋，往绳子上夹些东西，一边对凯文的失利十分心痛。我探过身子去捡东西。然后意外发生了：手机从口袋里掉出来，掉到2000英尺下的岩石上摔得粉碎。”原来他忘了把口袋拉链拉上。汤米的第一反应是：“糟糕！”但他马上想到：“这真是太棒了！现在我可以全心投入到这场非凡的体验中了。”

两天后，1月9日，凯文成功登上15层。从那层开始，两人都精神焕发地向上攀登。“没有了手机，我就可以坐下来静静思考。”汤米说，“每天只有几个小时适合攀爬。休息的时候，我就坐在2000英尺的高处看着群山，思考攀登的意义。独处是一种强大的力量。对我来说是精神力量。”

四天后，两人都成功到达32层，并登上顶峰。“在高处的吊床上思考的时候，我才明白过来，比到达顶峰更重要的是情感共鸣。”汤米说，“身体和灵魂都在路上。这就是攀登之美。”

第二章 逻辑分析

“在镇静状态下做重大决定。”

——德怀特·D. 艾森豪威尔

清晰的逻辑分析思维是最难获得的。清晰的直觉可以在精神宁静平和的状态下获得，无须艰苦努力，而清晰的逻辑分析思维只能通过严谨的推理演绎思维得出。由于通过逻辑分析理清思路的过程困难而缓慢，因此最好而且可能只能在独处下完成。

逻辑分析是将一件事情化繁为简，从而做出决定的方法。领导者必须首先尽可能地明确他想要达到的目标。有时候很容易找到，就像一位法官必须决定审判中的证据是否足以支持被告有罪。有时候——比如家中一人被另一人的行为所干扰，这时要想明确目标，则可能先得找出解决问题的方法。

通常，在需要清晰逻辑分析思维的场合，领导者掌握的信息往往都是纷繁复杂的，好似一团乱麻。领导者必须依据逻辑整理信息：比如公司领导者面前有大量数据，有体现技术变化的，有说明竞争对手产品的，还有关于消费者代际偏好的。把这些信息按照逻辑顺序整理后，领导者必须从中得出一系列逻辑前提。刚开始这些前提通常是某些已知存在或可能存在的事实，接下来会包括某些规定或原则，比如说：产品必须以一定的成本生产，或产品必须在特定日期推出，或必须遵循某条法律标准，领导者的决定必须符合这些规则。这一阶段通常会出现一些乍一看很重要但其实无关紧要的信息，它们不影响领导者对规定或原则的遵循，因此并不会影响决定。筛选整理信息的阶段过后，留给领导者的就只剩一些关于事实和管理标准的前提，领导者通常对此很有信心。

更困难的是要搞清楚这些事实和标准是如何产生交集的。有时候（比如在法律论证的时候），已知了有关信息，真正要考虑的问题是管理标准是什么。但更多情况下，相关事实仍然是未知的，因为领导者接收到的信息是碎片化的，或者相关事实尚未发生。

无论在哪种情况下，目标都是相同的：找出领导者的决定所依据的关键变量。这个变量以不同的方式起作用，决定了领导决策的益处是否超过成本。找到这个变量就能够获得清晰的逻辑分析思维：刚开始大量混乱的信息变成了逻辑前提，指向一个关键点。然而领导决策更加困难，即使有了清晰的逻辑思维，领导者也不能每次都知道哪个决定更好，但确实让领导者明确聚焦关键变量，这个关键变量将决定一个决定带来成功还是失败。领导者接着可以明确——有时候依据对变量的焦点分析，有时候依据本能（直觉）——变量会以哪种方式起作用，然后据此做出决定。

德怀特·D. 艾森豪威尔在二战的时候经历了这样的决策过程。尤其是在 1944 年 6 月，当登陆日成败的责任落在他一个人身上时，在面临的众多复杂因素中，关键变量只有一个，那就是天气。

德怀特·艾森豪威尔堪称最外向的领导者。他永远乐观、积极、向上， 经常露出大大的笑容，富有感染力。用他自己的话来说，艾森豪威尔是个“天生的乐天派”。他总是精力充沛，在人前更是充满活力，手势和面部表情丰富，说话干脆利落、坚定果断。一位记者说他“在地毯上走来走去，步子充满节奏，用平稳、高亢的声音说出一个又一个想法，就像金刚砂轮迸发出的火花”。

和一战后曾当过艾森豪威尔七年上司的道格拉斯·麦克阿瑟（Douglas MacArthur）不一样，艾森豪威尔并不独裁。他在担任北非及欧洲盟军总司令期间，非常谦卑，十分诚恳，团结他人，无论什么时候都尽可能寻求妥协。他的真挚是大家公认的，以公平处事著称。连他最易怒的伙伴，英国战场元帅伯纳德·蒙哥马利（Bernard Montgomery）也写道，艾森豪威尔“深得人心，就像磁铁吸引金属碎片一样”。登陆日不久前，蒙哥马利还在日记里写道：“他性格慷慨友善，我到死都会相信他。”

然而，连艾森豪威尔这位社交达人，在领导生涯中最关键的时刻也会刻意去寻找独处的机会。战争开始的时候他就这么做了。珍珠港事件发生后仅五天，当时还是一星将军的艾森豪威尔在圣安东尼奥奉命即刻前往战争部。艾森豪威尔不知道自己为什么被叫去，但还是搭乘最近一班飞机前往华盛顿。一到华盛顿，艾森豪威尔就很快被请去和陆军参谋长乔治·C. 马歇尔（George C. Marshall）单独会面。马歇尔开门见山，在接下来 20 分钟内简要说明了美军在太平洋上的危险境地。珍珠港的舰队几个月都无法使用。日本人已经轰炸了菲律宾，对那里的美军飞机造成的影响虽然未知，但据推测也非常严重。美军在菲律宾兵力很少，而菲律宾地面部队也训练不足。日本人意在尽快占领菲律宾群岛。

这时，马歇尔直视着艾森豪威尔的眼睛，突然问道：“我们的总体行动纲领应该是什么？”艾森豪威尔犹豫了一会儿——他甚至都没有打开行李——但是他沉着镇定，知道这个问题是不能即兴回答的。于是说要“几小时”来考虑。马歇尔同意了。

接着，艾森豪威尔来到一间没人的办公室，开始写第一份备忘录，他在战争中写过很多备忘录用来提炼自己的思考。他后来写道，自己坐在那里的时候，“受到那来自遥远过去的回音的启发”。他回想起旧时和福克斯·康纳（Fox Conner）将军在一起的日子，康纳在一战中是他的导师，是他最敬仰的人。康纳曾多次告诉艾森豪威尔，会有另一场战争，而当这场战争来临的时候，能领导美军的人只有“马歇尔——他几乎是个天才”。

艾森豪威尔脑中想着康纳对马歇尔的评价，决定“自己的回答应该简短、有力，原因论证是我本人由衷相信的”。在题目为《要采取的措施》的备忘录中，艾森豪威尔断言，即使菲律宾的行动看上去毫无希望，美国也应该从圣地亚哥派出一艘航空母舰到达澳大利亚，在那里建立一个强大的补给基地，并尽力挽救菲律宾。艾森豪威尔认为，这个问题并不是严格意义上的军事问题。他是从更宏大的政治角度来看待问题的，这对于他在战争中的领导至关重要。艾森豪威尔把备忘录交给马歇尔，说：“我们必须竭尽所能地帮助他们。中国人民、菲律宾人民、荷属东印度群岛的人民在看着我们。他们也许能原谅失败，但绝不会原谅被抛弃。”

马歇尔静静地回答道：“我同意。尽你最大的努力救援他们吧。”

这是艾森豪威尔在战争中面临的第一个逻辑分析上的挑战。1942 年，在华盛顿协调对菲律宾救援时，艾森豪威尔面临一项重大甚至从某种程度上来说无法克服的后勤困难。

1942 年担任驻北非盟军指挥官，1943 年担任驻意大利盟军指挥官，尤其是 1944 年担任盟军进攻法国总司令的时候，艾森豪威尔多次面临极其复杂的、考验领导力的难题。挑战不仅在于参战并打败敌人，还包括建立一支足够强大而且训练有素的军队来抵御耀武扬威的德军；在德国潜艇巡逻的水域维持补给线；以及维持与驻美英军甚至是“自由法国”盟友的微妙协同。

遇到这些问题的时候，艾森豪威尔面临着种种纷繁复杂的信息，他需要整理分析这些信息并得出结果，然后据此做出行动。但在艾森豪威尔行动之前——在领导手下的军团之前——他自己必须首先思路清晰。从艾森豪威尔与马歇尔第一次会面到战争结束的整个阶段，独处发挥了关键作用。

对艾森豪威尔来说，考虑问题最缜密的方式是写下来。因此，在处理工作中最重要的问题时，他都会写备忘录。他那毕业于西点军校的儿子约翰（John）在诺曼底战役时在他身边待了几周，约翰在战后写道：“在我父亲一生中，他把很多想法都写了下来，部分原因是给别人参考，但主要是为了理清他自己脑海中的思路。”艾森豪威尔这种做法在战争中正当其时、意义非凡。

在 1943 年 2 月艾森豪威尔给妻子玛米（Mamie）的一封著名信件中——当时德国将军埃尔温·隆美尔（Erwin Rommel）开始了一场将大败艾森豪威尔在突尼斯凯塞林山口

（Kasserine Pass）的军队的进攻——艾森豪威尔谈到领导者的“独处”，他说：“下属可以建议、敦促、帮助、祈祷，但只有一个人能够在心中做出决定‘我们行动还是不行动？’”他补充说，“由于不确定逻辑分析是否已经谨慎准确地完成了，因此领导者会感到压力。”

在把军队送去战场之前，艾森豪威尔每次都尽力确定逻辑分析已经“谨慎准确地完成了”。但他很难有时间进行这项工作。战争初期，他抱怨要经常被迫参加各种会议：“就是说个没完。”后来，在伦敦驻扎的时候，他给玛米写了一封信：“这是长时间以来我写信写得最久的一次。刚开始写的时候，一两个参谋进来待了一会儿，但没有开会。我越来越讨厌这个词了。”他又说：“我明确说了不接受邀请，所以我都没怎么见到过邀请函。”在另一封信中，他告诉玛米：“我整天都排得满满的。就算我为自己所规划的几小时独处的时间，也总会被一些事情打乱。不过我们忙一点也是应该的，但是要能留出一些时间思考。”另一封信也是同样的话题：“我在办公室的时间非常紧，必要的外出也总是打断我的思考。因此我必须尽可能留出几小时空闲时间用来静静思考。”还有一封信：“到万不得已的时候，我本能的反应是随便写些东西给你。有时候这能帮助我理清思路。”

艾森豪威尔找时间思考和写信，因为他认为这是头等大事。他关于战争的资料包含大量自己所写的文件和注释，他不是为了官方而写，而是为了整理自己的想法。例如，1942年7月，英国拒绝了美国让盟军在秋季登陆到法国瑟堡（Cherbourg）的计划。计划诚然无望，但意在给苏联提供紧急援助，当时苏联也到了岌岌可危的境地。（斯大林格勒战役马上就要开始了。）在私人日记中的一篇备忘录里，艾森豪威尔简短地描述了英国拒绝美国计划的“深远影响”——盟军几乎无法“帮助俄国继续参战”，盟军必须改善“我们自己的防御状况，因为预计俄罗斯随时会崩溃”。艾森豪威尔概述道，盟军唯一仅剩的选择就是进攻，向北非进攻。这场进攻事实上发生在1942年11月——指挥官就是艾森豪威尔。

盟军登陆北非的“火炬”行动开展后一个月，艾森豪威尔在日记中写了一篇长文对这一行动进行反思，他描述了在突尼斯遇到的困难，接着说“清楚、有逻辑的思维”对领导者的成功绝对是必要的。因此，艾森豪威尔一周后写了另一篇日记，详尽列出了北非盟军和敌对德军的情况，以及他当时面临的风险。这篇日记在艾森豪威尔的桌上放了两周。艾森豪威尔的密友和高级助手哈里·布彻（Harry Butcher）问他为什么要写这篇日记，他回答：“为了理清我的想法。”

有些时候，艾森豪威尔找问题，而不是找答案。1942年的一次会议讨论了盟军两栖进攻登陆艇的缺陷——这将成为战争中一直困扰艾森豪威尔的问题，之后，艾森豪威尔在笔记本里写下五个需要解决的问题，其中一个是“不杀敌要怎么打胜仗”。1943 年 8 月，艾森豪威尔写下另外五个需要解决的问题，是关于盟军进攻意大利的。还有些时候，艾森豪威尔把一天的工作归纳为简单一句话或一个观点：“我们必须行动！”或“我们必须有船！”

艾森豪威尔用写作来思考不仅理清了他的思路，也稳定了他的情绪。他在战争中经历的最艰难时刻是在一次主要作战行动开始后，因为这时成败不能由他控制，他对战争结果的影响甚至不如一名步兵中尉。他第一次经历这样的时刻是在 1942 年 11 月 8 日登陆北非的“火炬”行动中，史上第二次大规模的两栖进攻。直布罗陀岛上，岩石嶙峋的米塞利山（Mount Misery）下潮湿、满是老鼠的地下石灰岩隧道网里，艾森豪威尔等待着消息。只有一盏灯挂在天花板上的小办公室里，他在一张笔记纸上写下 10 条备忘事项，名曰《司令的忧思》。第一条是“西班牙静得可怕”。第三条是，根据之前的报告，维希法国（Vichy French）军队的抵抗“已经爆发”。还有一条是“我们不知道我们空中力量的位置或条件”。最后一条是“我们什么也弄不清楚”。

两个月后，在突尼斯的总部，艾森豪威尔在日记中写下了另一封备忘录，并把它卡在桌子里。他再次对布彻解释说，他写备忘录是为了“理清思路”。但这封备忘录开头几句却反映出另一个目的：“过去一周仍然令人失望。我只是把这些写下来好忘记。”接着写了几条用来发泄自己的情绪：“战术形势一天天越来越糟”；“我费尽心思策划的 24 号和接下来几天的进攻行动和局部攻击不得不放弃”；“媒体想扳倒我，给我弄‘政治审查’——但是根本就没有。两周来什么也没发生，在那儿嚷嚷什么呢？”

有时候艾森豪威尔只是用独处来反思自己的工作。在北非，一次战役的前一天晚上，他静静地看着一名步兵上尉在给手下讲话。艾森豪威尔后来这样描述这个场景：

“表面上并不能看出这名军官是个虔诚的信徒，但他的话深深打动了我，比我听到的任何演讲都要动人。‘万能的主，我们即将奔赴战场，一些战友也许无法活着回来。我们信仰您，信任您，毕恭毕敬。我们不祈祷胜利，甚至也不祈祷自己能安全回来，只祈祷没有一个人会让战友失望——人人都恪尽职守，忠于战友，忠于国家，对得起美国的优良传统。’我走开了，盈眶的热泪落到沙地里。”

接着艾森豪威尔借此机会做了他一直以来坚持的事——寻求独处的宁静，他看着外面月光下的沙漠，陷入了沉思。

另一次，在阿尔及尔（Algiers），艾森豪威尔定好一天上午与丘吉尔会面，商谈接下来进攻西西里的事宜。那天一大早，一个西点军校的同学来到城郊的地中海海滩。他看到艾森豪威尔在那里独自沉思：

“我朝海滩上的一处荒僻的地方走去，看到艾克坐在一艘小船的废墟上，面朝大海。他手里拿着一个破破烂烂的硬壳水壶袋，之前和别的残骸一起半埋在沙地里。我停下看着艾克。他盯着水壶袋看了良久，然后放眼向大海望去。最后他小心叠好水壶袋，放在船里，站起来，用力正了正帽子，大步走向停在海滩上的专车。”

重新获得“内心的平静”后，艾森豪威尔回到办公室参加会面。

令艾森豪威尔泄气的一个因素是他麾下最好的作战指挥官——乔治·巴顿（George Patton）。巴顿已经给艾森豪威尔和他自己造成过大麻烦。1943 年 8 月，在西西里的野战医院，巴顿在一周前后分别掌掴两名患有炮弹休克症的士兵。艾森豪威尔对如何处理这些事件非常焦虑。布彻在日记中写道:“艾克非常担心，有几天晚上都睡不着觉，尝试找出解决困境最明智的方法。”

思考过后，艾森豪威尔给巴顿——这位几十年来的好友——写了一封措辞严正的信，信中他称两起事件“令人震惊”，说：“我必须非常严肃地质疑你是否能够明断且自律，因此我心里对你将来是否还能派用场提出严重怀疑。”他补充道：“在我军事生涯中所有必须写的信里，没有一封像这封信一样给我带来精神痛苦。”通过一名中间人，艾森豪威尔命令巴顿去向两名士兵道歉。巴顿道歉了（巴顿也主动笼统地向其麾下各个部队道歉，但他在讲话中脱口而出了一些不敬言语。）

艾森豪威尔对马歇尔表示，巴顿在西西里打仗的时候表现出卓越的将才，但是补充说，对于掌掴事件，“巴顿将军继续表现出他那些令人不快的个性，你我一直都了解他就是这么个人”。对巴顿其人，艾克这样概括：“他拥有我们绝对无法失去的品质，除非他自毁形象。”

八个月后，巴顿试验了那句话的“除非”。在一家英国社会俱乐部的演讲中，他说：“由于美国和英国似乎命中注定要统领世界，所以我们越了解对方，我们就越幸福。”媒体抨击了这番言论。（巴顿的冒犯之处是没把苏联包括进统治者里。）《华盛顿邮报》社论称：“巴顿将军之前仅是侮辱个人，现在学会侮辱整个国家民族了。”北达科他州一名国会成员（现已不知其姓甚名谁）也指控巴顿“除了英国外，打了联合国每个成员一耳光”。

这起事件是在艾森豪威尔最艰难的时候发生的，因为离登陆日只有几周了，因此他的压力非常大。艾森豪威尔发起火来很吓人，这时他终于爆发了。艾克对奥马尔·布拉德利（Omar Bradley）——除艾森豪威尔外的另一位欧洲战场美军最高指挥官说“我真是受够了”，并暗示将革去巴顿的司令职务。布拉德利本人冷峻阴郁、不苟言笑，从一开始就厌恶巴顿，他写道：“我完全同意艾克让巴顿走人的决定。我也受够了。”

4 月 29 日，艾森豪威尔发电报给马歇尔，说："我派人去叫巴顿过来，给他机会向我解释。根据现有的所有证据，我将收回他的帅印。"艾森豪威尔建议让考特尼·霍奇斯（Courtney Hodges）将军代替巴顿，他说霍奇斯"可以很好地执掌第三集团军。他和巴顿最大的不同是，巴顿已经证明了自己坚决发动进攻的能力，而霍奇斯还没有"。这的确是很大的区别。接下来在信中艾克继续探讨把巴顿打发回家后让他担任什么工作。

然而重要的是，艾森豪威尔随那电报附上他写给巴顿的信——信中艾克一股脑儿地宣泄自己的愤怒和对这位老朋友的失望。艾森豪威尔写道："我必须坦诚地告诉你，我非常严肃地看待这件事，你应该充分认识到这件事是由你乖戾的性格引起的。"艾克继续写道："我多次警告过你要注意自己冲动的言行，也直接命令你不要说任何可能引起下属或公众误解的话。"接下来他的批评更加针对个人。

"你第一次进入我麾下是应我本人坚决的要求，因为我相信你骁勇善战、用兵如神。同时我也一直清楚，你习惯了哗众取宠、鲁莽行事，你这么做没有任何目的，只是为了引人注目。你根本无法控制自己的言辞，我完全受够了，而且也开始怀疑你是否拥有明断力，这是担任军队高级职位所必需的素质。"

最后一句中，艾克已经"开始怀疑"巴顿能否胜任司令一职，人们可以看到他表现出犹豫不决。毕竟，艾森豪威尔对诺曼底登陆“霸王行动”（Operation Overlord）感到压力备至。就在三天前，马歇尔提醒艾森豪威尔，“你肩负‘霸王行动’成败的责任”。现在艾森豪威尔把自己的沮丧都发泄到巴顿身上，用最残酷的措辞针对巴顿。这肯定起到了极大的宣泄作用。从某种程度上来说，艾森豪威尔一定知道，巴顿要是走了，最开心的不是国会议员，不是布拉德利，也不是《华盛顿邮报》，而是德国人。他们最害怕的美国将领就是巴顿——艾克深知这一点。

马歇尔巧妙地引导着事件朝理想的结果发展。他对艾森豪威尔 4 月 29 日电报的回复影响了战争成败。在先前一封电报中，马歇尔跳出了就事论事的桎梏，告诉艾克“和你一样，我也一直在从纯公事的角度考虑这个问题”——这其实隐含了责备的意思——还说巴顿是唯一具有和隆美尔打仗经验的美国将领，隆美尔当时指挥德国海岸防卫队。当艾森豪威尔提议直截了当地撤掉巴顿的职务时，马歇尔经过斟酌后冷静回应，做出了暗示。在 5 月 2 日的电报中，马歇尔写道：“这个决定完全是你自己的。我的观点，仅仅是我个人的观点，是你不应该削弱自己在‘霸王行动’中的左膀右臂……在这个问题上不要考虑战争部的立场。只考虑‘霸王行动’和你自己对成败肩负的巨大责任和压力。其他一切都是无足轻重的。”

宣泄过后的冷静思考最终胜出了。两天后，艾森豪威尔给巴顿发电报："我再次担下让你继续当司令的责任，虽然你个人的轻率之举已经带来破坏性后果。我这么做只是因为相信你的用兵之才，仅此而已。"后来在欧洲战场发生的事件，尤其阿登战役（Battle of the Bulge）中盟军的殊死搏斗，巴顿的杰出表现与霍奇斯的平庸形成鲜明对比，充分证明了艾森豪威尔决定的正确性。

艾森豪威尔被任命为盟军进攻欧洲的总司令后，他更多地用写作来思考。艾森豪威尔在 1944 年 2 月 7 日手写了一篇备忘录，开头很简洁："在 12 月初，总统让我去英国担任盟军远征军总司令。"接着他探讨了即将面临的问题。和平常一样，军队缺乏登陆艇，"这一需要不容忽视"。与之相关的问题是，"太平洋上的战斗在欧洲战争的关键阶段消耗了我们太多有限的资源……接下来的行动理应需要两国能够生产的全部资源，直到进攻力量在欧洲大陆站稳脚跟"。但最严重的问题是关于进攻计划的："我认为，致命缺陷是所有计划都是以三个师突袭来制订的。"而艾森豪威尔认为进攻需要五个师的力量。艾森豪威尔写道，英美两国总参谋长"仍在考虑这个问题"。但是理清思路后，再加上蒙哥马利的帮助，艾森豪威尔很快说服了他们。

然而，登陆日前七天是艾森豪威尔如何让独处的时光富有成效的最佳例证。1944 年 5 月的第三周，在紧锣密鼓的准备后，艾森豪威尔感觉到“登陆日前面临的唯一重大决定是确定在具体几号、几点发起进攻”。这个决定本身就非常复杂，因为这项计划要想成功需要满足以下几个条件：

1. 进攻日的天气要能见度高，这样才能进行空中行动。

2. 月相要为满月，才能让伞兵在前一天晚上降落到敌人防线后方。

3. 海面需要平稳，才能让舰船顺利通行。

4. 潮位必须足够低，这样才能让登陆艇不撞到德军在高水位线旁布下的障碍，顺利登陆。

然而 5 月 30 日又生变故。那天，盟军远征军空军司令特拉福德·利－马洛里（Trafford Leigh-Mallory）来到艾森豪威尔办公室，强烈要求取消原定于在进攻前夜的伞兵降落和滑行着陆行动。最近的情报显示，德国增援了一个师或是更多的兵力到犹他海滩（Utah Beach）的后方区域，而这正是美军伞兵和滑行部队将要着陆的地点。利－马洛里估计，伞兵师——精兵部队第 82 和 101 空降师——将损失 50%，滑行部队损失 70%。利－马洛里很勇敢，但仍然请求艾森豪威尔阻止这场“无谓的屠杀”。

艾森豪威尔后来写道：“想都想不出比这更磨人的难题。”指挥军队登陆犹他海滩的奥马尔·布拉德利将军坚称，没有空降兵，登陆就会失败。但是如果利 - 马洛里说得对，那么在犹他海滩登陆就毫无希望了。无论哪个结果都会导致进攻失败，盟军也很可能会在欧洲被打败。面对两难的选择，艾森豪威尔采取了他在危机中一贯的做法：

> 我独自去帐篷里，坐下来沉思。我当然明白，如果我没听我的技术专家在这个问题上的建议，如果他的预测成真，那么到死我的良心都会谴责我：因为愚蠢和盲目而让上千名花季少年白白送死。然而比个人压力更重要的是，如果他是对的，那么灾难的影响将远远超过局部：可能会波及整个盟军。

艾森豪威尔在脑子里“翻来覆去”想这个问题，“最终找出了关键点”：如果取消空中行动，就要取消犹他登陆，而犹他登陆决定诺曼底登陆的成败；利 - 马洛里的说法只是他自己的估计；其他空军军官——包括将率领第 82 空降师在进攻前夜跳伞降落的马修·李奇微（Matthew Ridgway）将军——一直是支持行动的。最终，艾森豪威尔打电话给利 - 马洛里，告诉他行动将按计划进行。

但天气仍然是个问题。6 月 3 日早上，艾森豪威尔与夏尔·戴高乐（Charles de Gaulle）商谈无果，因为戴高乐拒绝协助进攻，除非罗斯福首先承认他是法国的统治者。之后，艾森豪威尔回到自己办公室，把想法写到备忘录上，会谈无果时他常常这么做。当时艾森豪威尔一定有种似曾相识的感觉：20个月前，另一场两栖进攻“火炬”行动——盟军进攻北非——前夜，与另一位法国领袖——无能的亨利·吉罗——谈判无果后，在直布罗陀，艾森豪威尔也坐办公桌前，在电脑上打出了10条备忘事项，名曰《司令的忧思》。而1944年6月3日上午，艾森豪威尔再次走进自己的帐篷，写了另一份忧思录，其中几条是关于戴高乐的。

艾森豪威尔也担心德军的海岸防线，以及盟军轰炸是否已经成功摧毁德军增援登陆地所经过的道路。但艾森豪威尔最担心的是天气，因为在登陆那天早上，天气好就对盟军有利，否则将对德国人有利。艾森豪威尔帐篷外方圆几英里，以及整个英格兰海岸，进攻部队正在紧张待命，正如艾森豪威尔说，像“一个巨大的人体弹簧，蜷缩着，等待能量被释放的那一刻，从英吉利海峡上一跃而过，进行史上最大的两栖进攻”。而是否要在两天后拉开这强大弹簧，全靠艾森豪威尔的一人决定。

斯蒂芬·安布罗斯（Stephen Ambrose）写道：“艾森豪威尔的一个性格特征是总想化繁为简。面对复杂形势，他通常试着将其分解为几个关键点，提取要点，然后把这个要点作为指引所有决定的明灯。”这天早上，艾森豪威尔就是这么做的，他梳理各方所有因素，直到找出一条能够指导他的原则：“如果天气情况不是糟糕透顶，我们就行动。”

但第二天早上，艾森豪威尔恰恰遇到了“万分糟糕”的天气状况。6月第一周，每天凌晨4时和晚上9时30分，在附近一栋叫南威克大厦（Southwick House）的图书馆里，艾森豪威尔与几位指挥官以及气象主任J. M. 斯塔格上校（Captain J. M. Stagg）会面。斯塔格是苏格兰人，气质尊贵，是诺曼底登陆的幕后英雄。“骨子里就是个科学家，能力出众，可以从证据中得出客观理性的判断，思维敏捷，言辞柔和，不偏不倚，性格果断勇敢”。斯塔格先前预测6月5日天气良好，这天正是进攻的预定日期。但是在6月4日早上的会议上，斯塔格报告了一个不好的变化：爱尔兰以西700英里的一艘气象船报告说即将有一场强大的风暴，在6月的不列颠群岛周围形成本世纪最低气压。艾森豪威尔经受住了内心的考验，他把进攻日推迟到6月6日。

但是17小时后，6月4日晚9时30分的会议上，斯塔格报告了另一个变化。他说话的时候风雨仍然击打着房间的窗玻璃，但他说风暴很快就会停歇，接下来6月5日夜晚和6月6日白天天气良好——但可能6月7日又有暴风天气。这就让艾森豪威尔进退两难：如果在6月6日行动，那么第一批部队可以登陆上岸，但第二天增援部队就会因为天气糟糕而无法登陆。如果现在把进攻日推迟哪怕一天，那么月相和潮汐都不利于行动，情况一直持续到6月19日，成千上万士兵正蓄势待发，无法接受那么长时间的等待。艾森豪威尔走到窗前，看着滂沱大雨。很长时间他一句话没说。参谋长看着他，深受震撼，因为“总司令在即将做出重大决定的此刻是孤立无援的，他深知成败皆取决于他个人的决定”。

然而艾森豪威尔已经找出了做决定的关键变量。前一天早上，他写下忧思录，说：“如果天气情况不是糟糕透顶，我们就行动。”此刻，6 月 4 日晚上，他看着窗外的瓢泼大雨，6 月 7 日天气恶劣只是一种预测。最后，仍然看着窗外，艾森豪威尔镇静地说：“我很确信命令必须下达。”

第二天，6 月 5 日凌晨 4 时的会议中——进攻船队正在驶入海峡，但现在让他们回去还来得及——艾森豪威尔最后一次考虑这个问题。斯塔格说他的预测没有改变，但也警告说现在天气一点没变好。艾森豪威尔最后一次游说众人，一边背着手踱步。然后他陷进沙发，在漫长的五分钟里，他静静思索着自己的决定。最后他展露出大大的笑容，说：“好的斯塔格，如果预测成真了，我保证我们到时候会庆祝一下。”然后他下达最终的命令：“好，我们行动吧。”

一分钟内，屋子空了，只剩艾森豪威尔一人。他又一次来到帐篷里，坐下来，写了一张通信稿，以便行动失败的时候使用：“我们在瑟堡－勒阿弗尔（Cherbourg-Le Havre）地区登陆时没能找到令人满意的据点，我已将军队撤回。在此时此地进攻的决定是我根据所有最可靠的情报做出的。陆海空三军勇敢地履行了职责。如果要说这个行动有什么失误或要责备谁，我一肩扛起所有责任。”

那天晚上，艾森豪威尔开车前往第 101 空降师驻地，这就是利 - 马洛里请求他不要派出的部队。将士们把脸涂黑，收拾好装备，准备飞往诺曼底，现在离行动只有几个小时了。走在人群中，他将自己的经验倾囊以授：“最好的办法是永不停步。”最后他站在跑道旁，看着一架架双引擎 C-47 起飞，升入夜空，载着“几千名花季少年”，义无反顾地去往诺曼底的战火中。午夜刚过，最后一架飞机呼啸离开，艾森豪威尔松了口气。这时，他的眼里充满泪水，他转头看着司机，说：“战斗开始了。”

第三章　直觉判断

> “要获得真正的感悟，首先要终止内心的嘈杂。”
>
> ——简·古多尔，《希望的理由》（*Reason for Hope*）

获得清晰的直觉和逻辑分析思维都是处理信息的过程，只不过用直觉思考的时候，处理过程已经自动完成了。运用直觉难就难在直觉的获得。我们的思维往往囿于不断接受刺激并做出回应的循环中，有时候思考的事情很有价值，有时候却只是琐碎小事。在循环中，思维自己在进行精神对话，而这种对话在不断接受信息或压力的过程中更像在喧闹。只要对话不停，我们的注意力就被消耗在上面。

相反，直觉是在意识思维的深层次形成的。直觉（有时称为本能）不仅关注人们正在经历的事，还综合了今昔种种。直觉把人的全部经历联系起来，而这些联系通常是根据规律形成的：我们曾观察到某些事，而当时随着这些事情的发生，别的事情也发生了或将很快发生。比如某人说话的时候眼睛看向一边，可能让我们产生此人在说谎的直觉——因为我们以前看到过这种看向一边的神情。城市里一个居民在大街上觉察到有人在跟着她，那人跟她保持一定距离，随着她的步子前进，她的直觉就可能感受到危险。一名公司高管的办公室墙上贴满了自己和各种名人的照片，于是一位第一次拜访他的中层经理就会下意识觉得此人爱听奉承话。

直觉思维和逻辑分析思维的机制截然相反。逻辑分析需要聚焦，就是把注意力集中在一点上。但直觉在通盘考虑的情况下才能发挥最好的作用，我们要考虑周围环境中的一切，包括办公室装潢等细节，这些细节乍一看可能和问题毫不相干，但恰恰能够体现规律，帮助潜意识感知信息的时候产生直觉。

不赞成直觉思维的人说直觉不理智，他们的说法是错误的。根据规律进行推理属于归纳推理（即“由特殊到一般”的推理；例如在办公室墙上贴满自己照片的高管往往很自恋），运用直觉的时候，这种推理就在潜意识中进行。（逻辑分析更常见的是演绎推理，即“从一般到特殊”的推理。）由于直觉要考虑更多信息——大部分情况下比逻辑分析多得多，因此直觉能检验逻辑分析的准确性。某个逻辑分析也许十分有条理，但完全错误——因为它假设了某个不存在的事实或忽略了某个已存在的事实。直觉通常会找出逻辑分析中的谬误。当然，根据人们过往经历进行的潜意识归纳推理有局限性，因此直觉也有局限性。不过当逻辑分析与直觉冲突时，直觉往往是正确的。

和分析思维不同，直觉是默默进行的，人们通常不会注意到。某人见到老朋友非常高兴，万分激动，也许没有察觉到朋友已经移开目光。某人只顾盯着手机看，即使看到后面有人在跟着，也可能无法意识到危险。某个中层经理面对高管低声下气，也许不会记得看到过高管办公室墙上贴满他自己的照片。直觉不仅需要我们眼观，而且需要聆听，聆听内心的轻声细语。的确，有时候直觉是显而易见、强有力的，但更多时候是微妙、低调的，因此通常要求我们在精神宁静的状态下透过意识思维的表面深入探究，要求我们达到更深一层的独处境界：不仅隔绝来自他人的侵扰，而且隔绝自己内心的嘈杂。无须加工，无须添油加醋，只需感知、察觉。

因此，直觉对逻辑分析不仅起到检验作用，还起到辅助作用。逻辑分析进入死胡同时，直觉往往能够提供答案。正如上面所说，清晰的逻辑分析能够帮助我们找出决定一切的关键变量，而直觉则能引导我们判断变量将如何变化。在一定程度的精神平和的状态下，即使时间只有一瞬——通常足够灵光一现了——直觉也能在逻辑分析行不通的情况下帮助我们理清思路。

1960 年，简·古多尔（Jane Goodall）让直觉发挥出了巨大作用。当时她在中非山林里研究黑猩猩。她的直觉感到，在接近猩猩的过程中，如果猩猩好像遇到捕食者一样逃跑了，那可能是因为人们像食肉动物一样偷偷接近。独处得越久，简不仅觉察到暗中接近和猩猩逃跑之间的联系，而且感知到她自己和周围一切之间的精神联系。

某些时候，独处是成为领袖的先决条件之一。1960 年，几乎没有人想到简·古多尔会改变人类看待动物的方式。当时，简 26 岁，本科都没毕业，没有受过科学训练，科学实践经验也几乎为零。三年前，应寄宿学校一个朋友的邀请，她来到非洲，很快在肯尼亚内罗毕找了一份打字员的工作。但在接下来一个月，她遇到了著名人类学家路易斯·里基博士，他马上雇她当秘书。当秘书的时候她陪同里基在肯尼亚野外考察，他们在奥杜威峡谷（Olduvai Gorge）挖掘化石，在塞伦盖蒂（Serengeti）露营。

简时来运转。虽然从里基获得的化石中可以发现关于人类最早祖先的饮食、步态和活动等的重要证据，但这些人类祖先的社交活动仍然是个谜，正如简后来写道："行为没有变成化石。"这时里基发现可以用另一种方式来探索这些早期亲缘关系。里基比任何人都清楚，现代人类和现代猿类拥有共同的祖先，他推理出，如果现代灵长类共同拥有某些行为，那么它们的共同祖先也可能拥有这些共同行为。因此，为了了解几百万年前人类祖先的社交活动，里基建议研究现代猿类的社交活动，尤其是研究与人类关系最近的亲戚——黑猩猩。简·古多尔就是里基选出来研究黑猩猩的人。

研究项目遇到了很多困难。野生黑猩猩只生活在偏僻的非洲丛林，而许多危险动物也在那里生活。黑猩猩比人类强壮三倍，并且可以造成致命的咬伤。就像大部分野生动物一样，没等接近它们的人类觉察到，黑猩猩就已经不见了。此外，当时科学家并不知道如何研究黑猩猩，之前的每次尝试都失败了。

里基的计划是让简一个人和几个非洲野营地员工前往贡贝河黑猩猩保护区（Gombe Stream Chimpanzee Reserve），该保护区现在位于坦桑尼亚。贡贝在坦噶尼喀湖（Lake Tanganyika）的东部沿岸。坦噶尼喀湖是世界上最大、最深（仅次于苏必利尔湖）、水质最好的湖之一，长度比宽度大得多，流向为自北向南。贡贝包括30平方英里的山区原始热带森林，山上的小溪一路冲向山脚的湖泊。1960年，当地除了黑猩猩，还生活着狒狒、猴子、水牛、豹子、大蝎子、蟒蛇以及各种毒蛇（包括眼镜蛇的三个品种），此外大岸边还有一些河马和鳄鱼。

然而简到达贡贝之前，来自当地狩猎部门的官员强行要求里基改变计划。官员拒绝让一名欧洲女性在没有别的欧洲人陪同的情况下前往贡贝，因此简就和母亲薇恩一起，母亲一直是她的力量之源。还有一处改变是最后一刻强加的，让人十分失落：虽然简计划独自寻找猩猩，但官员坚持说她应该得到两名“狩猎侦察员”的陪同，为了确保她发现一只猩猩的时候不会虚报说发现了 10 或 20 只。

1960 年 7 月，简到达贡贝沿岸地区。刚开始，她的行动失败了：虽然在头 10 天，她能够远距离观察到黑猩猩，但是由于丛林茂密，她看不见它们在干什么。接下来八周更糟，简能看到的猩猩更少了，而且通常只能在离它们几百码远的地方观察。她和陪同人员一靠近猩猩，它们就马上逃走了。简的直觉认为应该大方地接近猩猩，而不是像捕食者或之前那些失败的研究员一样偷偷摸摸地接近，而且她还察觉到，人数越多，就会让猩猩越害怕。8 月，简和薇恩染上了疟疾，体温迅速上升，高达 40 度。

简的高烧到月底才退，但她仍然很虚弱。一天清早，她独自爬上附近的山，因为她“不想”让陪同人员看到自己如此虚弱，更因为她想验证自己的直觉。她来到一个理想的观察点——后来她称之为顶点（Peak）——坐在那里的一块显眼的岩石上。15 分钟内，她看到三只猩猩在她正下方光秃秃的斜坡上，离她只有 80 码远。黑猩猩盯着简，然后平静地离开，来到灌木丛里。

很快一大群黑猩猩顺着她下方的斜坡走下去，互相大喊大叫，然后爬上下方山谷中溪边的无花果树。接着，就在那个光秃秃的斜坡上，另一群黑猩猩出现了。它们也盯着简看了一会儿，啪嗒啪嗒地走下坡去，来到同一列无花果树那里。第二群加入了第一群，大声吼叫，粗暴地摇晃树枝，然后下树取食。最终黑猩猩形成一组离开，“排着有序的长队，一个跟着一个”，两个猩猩宝宝“像马术师一样骑在母亲背上”。简跟着直觉走，独自行动，把自己完全暴露在大猩猩的视野中，完成了第一次对黑猩猩行为的有意义观察。

简后来写道，那天是她研究的“一个转折点”。后来，陪同人员经常无法跟上她，而且也已经筋疲力尽了，就同意让她一个人上顶点。她每天都自由地跟着直觉走，总是穿着那几件颜色单调的衣服，从不试图跟着或打扰猩猩，这种行为跟那些捕食者是不一样的。终于“害羞的猩猩开始意识到我不是那么可怕”。现在她几乎每天都观察猩猩：它们成群结队或单独经过她身边；一些猩猩群合到一起，一些分开；一群猩猩向另一群大喊，对方也从远处回应；雄猩猩朝其他雄性扑过去，有时一边拖着一根树枝或拍打着地面；安静的雌猩猩和小猩猩一起吃着无花果；成年雄性打招呼时互相拥抱；幼年猩猩在树冠上你追我赶；最重要的一点，一个成年雄猩猩把粗粗的草秆子插进土丘沾出白蚁来吃。

很快简能够辨认出不同的猩猩。她写道：“再次看到一只猩猩时，我能确定我见过它的话，我就给它起个名字。”最终简认识了几十只猩猩，并且准确观察到它们不同的性情、动机和行为——在人类中我们称为个性。有麦格雷戈先生（Mr.

Mc Gregor），它是一只老年雄猩猩，头顶上只有一圈毛，受到惊吓的时候会愤怒地抬起头，“不知为什么”他让简想起“毕比阿特丽克斯·波特（Beatrix Potter）《彼得兔》（*The Tale of Peter Rabbit*）中的老花匠”。还有弗洛（Flo），是只老年雌猩猩，毛发稀少，牙齿到牙龈都磨损了，耳朵粗糙，“有着畸形的蒜头鼻”，“和大多数成年雄性都自然友好地相处”。

不知为什么，雄性都疯狂地被她吸引，当弗洛还能生育的时候，“她无论坐起来或躺下，都有几双眼睛立刻朝她的方向凝视，如果她起来走动，雄性就立即跟着她”。弗洛“也是非常能干的母亲，非常慈爱、宽容、活泼，保护欲强”，她会花几小时的时间和小宝宝玩，跟它们一起互相追逐，翻跟头。一次，弗洛在一旁坐着，小儿子弗林特对成年雄猩猩克里斯进行了一场恶作剧，摇晃克里斯头上浸满雨水的树枝，让雨点撒了他一身。最终克里斯发了脾气，跳起来，威胁弗林特。

“弗洛马上跳起来，她那几根被虫蛀了的毛发竖了起来，她扑向克里斯，凶狠地哇哇大叫，表现出威慑的姿势。”但是和她截然相反的是雌猩猩帕西恩，她喜欢独来独往，“是个冷酷的母亲，气量狭小，粗鲁，很少和宝宝玩，尤其是在头两年”。更加阴暗的是，帕西恩完全是猩猩中的异类：她吃同类（这在猩猩中很少见）。她会跟踪刚生完宝宝的母亲，然后把尖叫的母亲殴打到不能反抗，之后就把宝宝抓走，然后逃到某个地方把小猩猩给吃了。

还有温和的灰胡子大卫，他是一只英俊的成年雄性黑猩猩，“镇定，无畏”，是第一个敢让简近距离观察的猩猩，就是他用草秆沾出土堆里的白蚁，而且还跟踪过一次简，而当时简却以为自己在跟踪他。简和黑猩猩最深入的互动也许是她跟着大卫穿过郁郁葱葱的热带山谷的那天。他们并排坐在一起。简看到一个熟了的棕榈果，鼓起勇气拿给他。她描述了接下来的事情：

“他轻蔑地看了一眼我给他的东西，拒绝了。我的手离他更近些。过了一会儿，他还是忽略我。但他突然朝我看，伸出手拿坚果，令我惊讶并高兴的是，他拉住了我的手，他的手温暖、有力，和我握了 10 秒钟。然后他伸回手，看了看坚果，把它丢到地上。”

大卫握着她的手是让她放松，简解释，“然后他把东西扔在地上，这是告诉我他对我的东西毫无兴趣”。

和猩猩互动的时候，简的天真——有人可能认为这是她与业内专业人士相比特立独行的一面——恰恰是她的资本。1960 年以前，科学界不允许把任何除人类以外的物种看作个体。普通人可以笼统地谈到猩猩的行为，但正统科学家不会说它们有鲜明的个性。简写道：“去了解他 / 她的时候，我不知道应该给每个猩猩编号，而不是起名。”简没有受到专业人士的标准的干扰，因此简可以与黑猩猩亲密地相处。

1961年1月，薇恩回到英格兰，简的陪同人员也离开了。母亲走后，简十分想念她。但她后来写道，接下来“这段时间我记得很清楚，不仅因为我终于开始有所成就，也因为我终于是完全独自一人时内心的喜悦”。接下来的几个月，简都一个人待着。在心灵回忆录《希望的理由》中，有一章同名的章节是描述这段时间的。独处的时候，简超越了关于如何最佳观察猩猩的直觉，对黑猩猩和她自己在丛林中的地位有了更深刻的理解。

她写道：“要获得真正的感悟，首先要终止内心的嘈杂。”静思产生直觉，“独处”已经成为“生活方式”，简发现自己“与动物和大自然更加亲密，因此也更加贴近自我，与感受到的周围的精神力量更加协调”。她对所处的丛林有了全新的清晰感受。“森林古木那粗糙的、被阳光照得暖暖的树皮，年轻、茁壮成长的树苗光滑、凉凉的表面，令我产生一种奇异的直觉，闭上眼睛好像能感受到树的汁液被看不见的根系吸收，然后传递到每个枝丫的顶端。”在她聚精会神地观察的同时，她的感知也变得更加清晰。“言语属于理智，暂时抛却言语，让直觉自由驰骋。”因此，简写道：“几乎无法描述抛却言语后得到的新感悟。”

简的感悟通常是精神性的。“我无法用言语来传达哪怕一点儿这种几乎神秘的感悟，这是对美和永恒的感悟，随之而来的还有一些珍贵的时刻。”在《大地的窗口》（*Through a Window*）里，她描述丛林里暴风雨过后的一刻：

“空气中回荡着鸟儿的交响乐，那是它们在晚祷。在鸟鸣和虫鸣中，我听见新的乐律，音调很高很甜美，我惊奇万分。我熟知每片叶子的形状和颜色，不同的叶脉图案是每片叶子与众不同的标志。香气清晰可闻，也很容易辨认——熟透了的果子在发酵，浸透水的泥土，冰冷湿润的树皮，猩猩毛发湿漉漉的味道，当然还有我自己的头发湿漉漉的味道。新的碎叶的芳香浓郁。我察觉到有一只羚羊，然后看到了他，他静静地逆着风吃草，螺旋式的角沾了雨滴，看上去颜色变深了。我内心完全充满了平安的感觉，‘出人意料的感觉’。”

在这些时刻——她只在完全独处的时候才能经历的时刻——简意识到，即使作为人类，她也没有脱离自然，而完全是自然的一部分，就像黑猩猩一样。这是一种精神体验，她感到与周围一切以及过往种种的和谐统一。后来反思这些经历的时候，简明白了，由于这种和谐统一，她与黑猩猩之间产生了共鸣，而这种共鸣在她观察黑猩猩的时候就引导着她的直觉。

正是共鸣，以及产生共鸣的和谐统一感，成为简有效领导力的基石。有了这个基石，在后来的岁月，她就能说服全世界几百万人认同她对黑猩猩的认识，以及对所有动物的认识——

动物应该是人类的伙伴，而不是奴隶。

| 第二部分 |

发现更多的可能

第四章　关注自己的内心

虽然玛丽·居里大部分的研究都是和丈夫皮埃尔一起完成的，但她影响最深远的一项发现成果却是独自取得的。

1897 年 3 月，为获得博士学位，她在巴黎进行研究，之前没有一个欧洲女性能有如此成就。1896 年，另一位在巴黎工作的科学家亨利·贝可勒尔用一块黑布包了几个照相底片，并用一张铝片覆盖，在上面放了一些含有铀的晶体。然后他把整个包裹放进抽屉里，关上门。几天后，他把底片拿掉，惊讶地发现底片上面放晶体的地方蒙上了一层厚厚的雾。贝可勒尔发现了铀盐的放射性——就像 1895 年末发现的 X 光——而这种放射线可以穿透物体。

贝可勒尔的发现提出了一个问题：铀化合物是从哪儿获得能量从而使底片变暗呢？而居里就在寻找这个问题的答案。她在一间小房间工作，设备是借来的，矿物样本是二手的，她把不同物质放在金属盘上，然后测量能量，能量以电流的形式出现，在金属盘的物质和旁边另一个金属盘的物质之间传递。她发现，铀化合物释放的能量完全取决于化合物中铀的含量。化合物中其他元素（除非元素本身是放射性的）、化合物干湿与否，对能量释放了多少并没有影响。

实验中，化合物释放电流的时候没有发生任何改变。实验结果似乎违反了热力学第一定律：能量可以从一种形态变为另一种形态——比如普通的化学反应释放光或热——但是不能被创造或消灭。居里发现，铀释放的能量不是来自任何化学反应，而是来自铀原子本身。这种新的能量形式被居里称为“辐射”。根据她的发现，后来的科学家推导出了原子的结构以及蕴藏其中的先前觉得不可思议的能量。

如果说清晰思路可以帮助领导者找到哪些选择是最有效的，那么创造力就能帮助领导者开发出先前没有意识到的可能性。有时候，正如米哈里·希斯赞特米哈伊在他的开创性著作《创造力》（*Creativity*）中所说的一样，产生创造性成就或构想的基础是不遵循相关领域的既定标准。例如，贝多芬的《英雄》（*Eroica*）交响曲颠覆了当时通行的死板形式；尤利西斯·S. 格兰特剑走偏锋，决定在维克斯堡（Vicksburg）切断己方补给线。别的情况下，说一项成就是创造性的，不是因为否定了前人的成绩，而是因为内容新颖。居里发现辐射就是一个例子。还有别的情况，说一个想法是创造性的，是因为这个想法是根据乍一看不相关的事物之间的平行联系得出的。

正如直觉可以产生清晰的思路，直觉也能带来创造力。直觉思维已经把大多数分析工作都做了，领导者只需停下来倾听直觉的声音。

乔伊·雷曼（Joey Reiman）强调要多用直觉，在客户产品和消除社会弊病的方法之间找出联系。“我最富有创造性的想法是创立一家以体贴周到为根本价值理念的公司。”乔伊说，他是亚特兰大咨询公司聪明屋（BrightHouse）的创立者和CEO。他本人认为，直觉创造力和热诚信奉精神价值密不可分。

1975年，乔伊22岁，他在罗马出了一场几乎让他丧命的车祸。“我右臂和右手残废了。”他说，“医生说我再也不能使用它们了。我在医院住了三个月，我感到孤单，而没有意识到这是一种独处。”在病床上，乔伊回忆道：“我和上帝订下契约：如果我的手能康复，我就会做对人生有意义的事。”

后来乔伊的右手真的完全恢复了，但他渐渐淡忘了自己立下的契约。他进入广告业，最终建立起自己的公司，事业非常成功。然而他不满意这份工作。“广告业的理念让我深受困扰。”他说，“我们必须说服人们购买他们不需要的东西，并创造他们不想要的需要。”1994年，他的公司被一家更大的广告公司收购。第二年乔伊在伦敦参加公司会议。“一位高管发表演讲，教大家如何‘让客户保持新鲜感’。我终于明白我从事的工作，金钱，名望，都毫无意义。此番感受不啻惊雷。”

乔伊离开会场，下午去泰晤士河边散步。“我想，‘我不要把余生花在给客户保鲜上，我又不是在冷冻行业’。”本章后面介绍的另一位领导者奇普·埃登斯（Chip Edens），他最有名的一句话就是：“生活对你发出的最好邀请就是让你拥抱现实，并且想出该怎么做。”在泰晤士河边散步的时候，乔伊接受了邀请。“当时我顿悟了。”他说，“顿悟是信息、直觉和你最高价值观的碰撞。我顿悟到的是，我在病床上的日子并不孤单，这是一段难得的独处时间，因为这段时间对我的影响是最大的。20 年后，我突然明白，我需要在生活中做有意义的事。”他自问：“我成立一家以周到体贴为根本价值理念的公司怎么样？”乔伊这个想法摒弃了此前一直从事的行业中的既定准则。他想，不再满足消费者口味，而是“建立一家公司，通过公司传达理念，治愈、激励、引导世界，让世界更加美好”。

乔伊的公司名为聪明屋，他说这是“世界上第一家致力于构思的公司”。“构思是思考的过程。”他说，“客户为我们的思考付费。我们需要花时间做白日梦，通过自由思考来产生想法。这不是在浪费时间。爱因斯坦曾说，他在普林斯顿的时候，通常每天 20% 的时间用来教书，80% 的时间用来望着窗外。”

乔伊介绍了聪明屋的使命:“我们关注如何启发合作伙伴，让这些公司成为灵感之源。首先我们进行尽职调查。我们了解这家公司的历史、社会地位等情况。然后我们归纳出一种新的理念，想出符合公司历史和社会地位的更宏大的目标。然后思考这家公司应该如何减少现存的社会弊病。”

乔伊讲述了聪明屋是如何促进创造力产生的。“我们一个项目的工作周期是 4 到 16 周。这是深度孵化的模式，其中独处起到了关键作用。”他强调了在他所说的“无须回应的环境”中思考的重要性。“在这种环境中能够产生最好的想法。没有什么协议会要求你做出某种回应。”相反，“格子间会扼杀你的创造力”。“待在办公室格子间里，思维就好像被限制在框框里。你必须考虑很多事情，规则、程序、层级，所有这些都是要求你得无条件回应的敌人。”这种受到严格控制的环境让我们的思维只能顺着事先挖好的渠道走，而无须回应的环境则允许大脑自由思考。

乔伊说，一些地方保有无须回应的环境，可谓“最后堡垒”。“首先是教堂。”他说，去教堂思考的效果和在山中差不多。“我是个犹太人，会去教堂祷告，教堂建筑顶端尖顶的设计能够激励人心，周围一切都会让你有一种与天地交融的感觉。”另一处是汽车里。“在车里放音乐简直是疯了。车里是为数不多的你可以思考的地方。”还有一处是浴室，这也是人们能够免受外界侵扰的地方之一。“浴室里温暖、私密，没有什么可以让你分心的事物。”剩下一处堡垒是公园。“公园周围花草环绕，空气清新。你不仅和大自然接触，还能与之密切交流，你成了大自然的一部分。”在这些地方，乔伊说：“你可以听到思想微小的声音。你能够用直觉和洞察力感知周围的一切。你能洞悉事情本质。”

聪明屋的一个客户是小金鱼（Goldfish）饼干的制造商非凡农庄公司（Pepperidge Farm）。“马哈雷特·鲁道金是这家公司的创建者。”乔伊说，“在研究产品的时候，我们了解到她儿子患有几乎致命的过敏症，病情会因为防腐剂和人工添加剂而加剧。于是她开始给儿子做纯天然的面包，然后再建立起这家公司，在纽约出售自制面包。所以，这家公司秉承的一个宗旨就是促进儿童健康。我们在进行这个项目的时候，2004 年，儿童抑郁现象达到前所未有的水平。我们把两件事情联系起来，想办法给我们的客户想出解决问题的方法。随后，我们有了一个主意，建立‘fishfulthinking.com’网站，如今这个网站已成为儿童和父母认知健康的第一大网站。”乔伊把这个想法归功于聪明屋“循序渐进地酝酿”。“如果我们按照商业化的步伐急于求成，那么我们就会忘记创建品牌时的初心，从而无法挖掘出新的理念。”

“领导者的‘十八般武艺’中，最重要的莫过于独处。”乔伊总结道，“独处能帮助我们顿悟。”

正如通过逻辑分析可以获得清晰的思路，逻辑分析也能激发创造力。这需要一些努力，因为领导者要整理、合成可用的数据，花工夫想出新的解决方法。

德娜·布拉杰（Dena Braeger）住在得克萨斯州埃尔帕索（El Paso），是六个孩子的母亲，她就是通过逻辑分析来激发创造力的。“养育是领导力最古老的形式。”她说，“但我们的文化一直认为领导者就是主外，而不是主内的。而我的领导力和CEO的领导力同样重要。”德娜在领导方面有广泛的经验，她从西点军校毕业，2003年在军队担任过连长，后来从哥伦比亚大学获得心理学硕士学位。“当连长的时候，手下希望能经常找得到你。”她说，“我不得不告诉他们‘我要一个人待一个小时’。我需要独处，这样才能在别的时候更好地承担领导者的义务。”当母亲也是一样。“一天，我找了个保姆帮我照顾孩子一小时。我自己去爬山了。我希望能更深入地思考那些我原本没打算思考的事情。”

德娜谈到信息过载的问题。“受信息过载影响最深的是家庭。每个人都一直在上网或打电话。我给孩子创造大量‘无电子产品’时间。弄清楚你想做什么，创造出来，而不是等着别人给你送上门。”她发现成人也有同样的问题。“人们努力复制别人的做法，因为我们获得信息的渠道非常多。”她举了个例子。“我在拼趣网（Pinterest）引来很多关注。如果我在上面展示自己做的东西，我就会被围攻。”她说，“你在网站上可以看到纸杯蛋糕等十分精美的东西。人们都模仿着做。但其实它们是假的，因为它们不是被创造出来的。我们对每件东西的了解越来越多，但是我们对真实自我的了解越来越少。如果我们花更多时间独处，创造那些看起来不美但更加真实的东西，我们会更加珍视自我的价值。”

育儿过程中遇到问题时，德娜通过反思来想出创造性的解决方案。“一天我女儿对她妹妹不好，她太矫情了，看什么都不爽。”德娜说，“我怒不可遏，当时立刻教训了她。但后来我决定通过独处来想出一种更加周到的应对方案。我需要长时间思考为人父母的复杂性。”两天里，德娜一直在反思。“我意识到真正令我生气的是她一点就着的脾气。”德娜说，“这不仅仅是表面问题。作为领导者，你总是有权力教训别人。但是我不想用责骂把她击垮。我想用同理心解决问题，而不仅仅用纪律加以约束。我想鼓舞她。”最终德娜想出了应对措施。“我决定把她做得好的事情一件件列出来，再指出她哪里有失误。我想出了一个教导她的方法。我决定跟她谈谈生气意味着什么，向她解释人们有时候会在你意料中或意外让你失望，要让生活更平和，一种方法就是不要经常因为这些事情而生气。”

德娜从这次事件吸取了更大的教训。“通常我们都是在尝试纠正他人的行为而不是了解问题的核心。”她说，“这要花时间。如果你不花时间，那么你就会在一时冲动之下做出错误的应对。”

德娜总结道："为人父母和当领导者一样，人际关系的处理很复杂。你需要花时间创造性地解决面临的问题。"

蒂姆·霍尔（Tim Hall）是北卡罗来纳州利斯－麦克莱学院（Lees-McRae College）骑行队的主教练，该骑行队在骑行界被誉为"大学生骑行队伍中的佼佼者"。他反思了自己如何让一种团队文化从无到有的经历。"我早年其实是个棒球手。"他说，"我在距纳什维尔（Nashville）约 30 英里的坎伯兰大学（Cumberland College）上学，被圣迭戈教士队（Padres）录取。我在小职业球队联盟代表圣迭戈教士队和亚特兰大勇士队（Braves）打了四年比赛。然后他们告诉我可以不用打了。"退役后，蒂姆回到学校，获得了 MBA 学位，然后给一家批发商卖建筑材料。2001 年，建筑业发展放缓，蒂姆被裁员了，一连 18 个月都找不到工作。2002 年 10 月，在纳什维尔市中心骑车左转弯的时候，蒂姆被一辆吉普切诺基（Jeep Cherokee）给撞了。"我的左腿胫骨断成两半。"他说，"我满脑子想的都是，'我一直是家人的负担，现在我把负担加倍了。他们不得不照顾我'。"

不过从现在回顾过去，蒂姆说这场事故是个"关键转折点"。"我很高兴我被车撞了。"他说，"我躺在姐姐的旧床上，讨债的找上门来，这让我反思自己到底是怎么沦落到这步田地的。我意识到我要做出不同的决定，这样才能继续前进。"

腿好了以后，蒂姆申请了一份家族连锁餐厅的工作，每小时挣 8 美元。“我什么活儿都愿意干。进去填表的时候我紧张极了。两周后，他们录用了我，没承诺晋升。”但 6 个月后，蒂姆晋升为一家分店的经理助理。两年后，他成为价值 300 万美元的店铺的总经理，管理 25 名员工。“这时我的领导力受到挑战。”他说，“我必须要经营好店铺，还负责对一批能力各异的员工的雇佣、培训，必要时还得做出解雇的决定。”

2004 年，蒂姆的母校坎伯兰大学开办了一个骑行队。一年后，队伍的主教练离开了。“当时我已经赚了很多钱，但是我被主教练一职深深吸引了。我心爱的是体育运动，而且我在餐饮业已经锻炼出了足够的领导力。”蒂姆之前的棒球教练给他安排了面试，很快就表示要录用蒂姆。蒂姆接受了，虽然在餐厅的薪酬会减半。“我永远不后悔告诉我的餐厅老板这件事。他看着我，说：‘伙计，我真羡慕你。我愿意不惜一切代价追随我钟爱的事。我百分百支持你。’”

蒂姆教的这项运动是他在大学里没做过的（他 2000 年才开始竞技骑行），而当时骑行在全国也正处于起步阶段。“这将挑战我的创造力。”他说，“我必须建立自己的体系，没有样板可供参考。我意识到我需要思考接下来怎么做。”

蒂姆开始每天一大早进行思考，一直坚持到今天。“我泡杯咖啡，坐下思考，看着外面的野鸟喂食器，身边没有任何电子设备。”（“我从来没觉得这就是独处。”他说，“我觉得这是我个人的安静时间。”）每天早上，蒂姆反思自己当运动员时以及在餐饮业的经历。“我意识到，领导别人必须从领导自我开始。我在餐饮行业的时候，曾有个非常优秀的年轻员工告诉我，‘你太遵守教条了’。我之前一直觉得自己思想很开明，但她说的话让我不再这么认为了。我想这话肯定有一定道理。现在当教练了，我努力让自己不要墨守成规。”他也回顾了自己从坎伯兰棒球教练身上学到的经验教训。“他的优点是，无论场上场下，都十分克己，人前人后表里如一。他就是责任感的标杆。”他从当棒球手的经历中学到：“要牢记人际关系——和队友、教练的关系，而不要只记住胜利。创造正确的人际关系，你就会赢。”蒂姆还想到了他在餐饮业当经理时学到的重要经验。“不能在行动过程中信口开河。”

那几天早上，蒂姆都面对着喂鸟器思考，最终他把思路整理到一纸声明上，名曰“团队目标”，他提出“三大目标——性格、课堂和对手”。“这张声明说的是原则，而非规定。主要起到激励作用，而非修正作用，旨在构建一种文化。作为领导者，你需要和手下分享你的愿景，让他们参与建设。”蒂姆三大目标的顺序反映出他作为领导所考虑到的优先事项。“性格”包括“尊重他人”“做出表率”“言出必行”等。“课堂”包括不缺勤，与教员沟通并赢得教员尊重。“对手”关于专业素质，包括“无论成败用感恩之心谦虚以待”“接受建设性批评意见让自己不断进步”“对队友和团队事业无私奉献”等警语。蒂姆回忆起他第一次向队员介绍团队目标的时候：“我告诉那些运动员，要接受这份目标。他们不认为这是胡说八道。这份目标让队员反思他们为什么来这里，要达到什么目的。”

如今，作为利斯－麦克雷学院骑行队教练，蒂姆换了种方法利用早上的时间。“我的时间更多了，可以一鼓作气把事情做完，不只是解决问题。”但他最终的目标依然如故。“遇到我每个队员的父母时，我想要能够自豪地看着他们，因为我知道我把他们的孩子照顾得很好。”

蒙哥马利·梅格斯（Montgomery Meigs）效仿尤利西斯·格兰特，通过复杂的逻辑分析激发创造力。“独处让领导者集中注意力，使他们找到困难问题的独特解决方法。”梅格斯说，他曾任美国驻欧洲陆军的指挥官，现为得克萨斯州立大学资深讲师。1998年，他担任北约驻波斯尼亚维和部队指挥官，此前当地曾发生过三年的内战。他回忆道，自己的职责包括“向克罗地亚、波什尼亚克和塞族三大派系的军事领袖教授军事民主的价值观”。这是个非常艰巨的挑战：三个部队的领导层都贪污腐败，没有一支部队在军队国家化方面有实践经验。梅格斯从上级那里也得不到什么帮助。“我向北约的上司建议，在北约军事学校给这些部队开设培训项目。但上司清楚地表明他没有钱来资助这些项目。于是我只能单枪匹马。”他说，

“华盛顿和北约其他国家的首领也给我施加压力，因为他们想要速成。”

梅格斯的应对方式是学习历史经验。几年前，在准备进行领导力演讲的时候，梅格斯研究了格兰特的维克斯堡战役。夺取邦联堡垒多次失败后，格兰特在一艘轮船船舱的办公室里闭关了几天，后来制订出整个战争中最重大的军事计划。“格兰特遇到的挑战比我大得多，但他仍然想出了创造性的解决方案，说明他的经验值得吸取。”梅格斯说，“我这儿没有轮船。但我独自待在办公室或宿舍里时，我就努力思考。在缺乏北约资金或制度层面帮助的情况下，我们如何影响军队干部的价值观？”

就像一个世纪前的格兰特一样，梅格斯把现有的全部信息都整合到一起，通过分析来解决问题。他在《代顿和平协议》（*Dayton Peace Treaty*）里一条模棱两可的条款中找到了突破口。“根据协议附录 IA，我可以否决各派别军官晋升到将官的任命，也可以否决让各派别将军担任各自军队新职务的命令。”梅格斯说，“所以首先我们确保，未经我批准，所有军官一律不得晋升到将官军衔或担任新职。”很快梅格斯就遇到了挑战。“遇到的第一个情况是，一名军官令人十分讨厌，参战经历可疑，加入准军事部队前竟然一直是个舞蹈教练。”梅格斯拒绝让此人担任一项重要军事职务。

梅格斯另一个解决之道也是依据他作为北约维和部队指

挥官的权利。“我们设立了总监察长办公室，调查将官的不当行为。”梅格斯说，“我们任命一位当过监察长的美军上校掌管该办公室，还分别从各派系找两名军官在该办公室任职。这样，无论什么调查，都由一名当事派系军官和一名不同派系军官进行。这样的组合确保了调查结果的公正性。”总监察长办公室的第一次调查是针对某派系一位指挥官的。“他让士兵帮他盖新房。”梅格斯说，“我们发现，他所属的军队允许以这种形式作为报酬，而这是我们想要消除的恶习。”这名将军虽然没有受到惩罚，但调查过程传达出清楚的信息。“这名军官被要求向维和部队司令解释自己的行为，职业生涯岌岌可危，这对各派系的高级政客和将官都会起到警示作用。”

在独处的时候，梅格斯想出了有效解决问题的方法。他说：“在困境中，是格兰特给我指明了方向。”

领导者奇普·埃登斯综合了逻辑分析和直觉思维，构思出解决问题的创造性方法。奇普是基督教夏洛特教区的教区长，领导着6000名会众。教区里还有70名员工，一所学校，以及大量从事社会工作的当地人和国际合作伙伴。“我当领导者的时候，独处发挥了重要作用。”他说。

奇普的领导者生涯从13岁就开始了，当时他是军事学院的学生。一天他去拜访院长，说：“先生，恕我直言，每逢礼拜日集会，您只是告诉我们一周来哪里做得不对，下一周需要做什么。我们并没有受到鼓舞，您应该请一位教士。”院长回答说：“好，要是你希望来个教士，不如你来当吧。”

奇普去见自己的牧师，跟他说觉得自己没有资格当学校的教士。牧师回答说：“你有资格。你受到了召唤，应该好好听听，你需要决定自己是否要成为领导者。”奇普回忆道：“我花了几天几夜思考这件事，聆听内心的声音。最终我决定担任学校教士。这是我第一次在独处中探索灵魂问题。”

奇普继续求学，他进入耶鲁神学院，并获得硕士学位。在神学院的时候，他面临一场严重的危机。“我没有好好管理时间，不知道我这一生到底想要做什么。”一天，一个朋友邀请奇普第二天早上5点半去做祷告。那天凌晨天色很黑，奇普穿过下雪的校园，来到一间小小的石头教堂。“我以为人们会做诸如大声祷告一类的事，但是没有。人们坐在烛光中，静默无言。”起初他觉得很不自在。但后来，“静静坐着，我才发现自己的世界有多么喧嚣”。奇普想起了一位缅甸僧人的故事。“一天，一个人向僧人询问建议。他吐槽生活中的麻烦事儿。僧人开始倒一杯茶。这个人继续说个不停，僧人就倒个不停。茶水溢出杯子，流到桌子上，地板上。这个人说：‘停下，您在干什么？’僧人回答说：‘你看不出来吗？这是你。’”

“那就是我当时的样子。”奇普说，“在小教堂静静坐着，我不得不想起生活中那些烦恼。我的内心太喧嚣，太嘈杂了，我几乎要逃离，因为我不想面对它们。但我坚持留下来，用鼻子深呼吸。最终我开始感到内心平静。我感到和周围人亲近了些，虽然我不认识他们。他们来到那里的原因也跟我一样。离开的时候，我觉得不再漫无目标了，而且精神焕发。”

自从那时起，奇普就保持了这个习惯。“静默和独处让我关注现实，让我意识到内心发生了什么，自己的情绪如何。”他说，“维克多·弗兰克尔写道，刺激与回应之间总有一段自由空间。这段空间是由静默和独处创造出来的，让你有时间思考对自己情绪的回应。如果没有这段空间，你就只能产生不假思索的情绪反应。”

奇普还加入了写日记的做法，让独处之道更加完善。“我每天写日记。”他说，写日记的过程本身是创造性的。“我的脑海中有意识流，这会启动我大脑中的一个过程，对我的身体或心灵某处产生影响。这一过程有掌控我的力量。所以我首先要写下自己的意识流——我称之为情绪。接着我把自己融入这些情绪，不是要加以评判，而是尝试理解，弄明白自己为什么会有这样的情绪。然后我扪心自问，是否要把这样的情绪带回到人际关系的处理中。愤怒和焦虑不是解决问题的方式。接着我根据自己的价值观而不是主观情绪构建回应，最后让别人认同这种回应。这就是自我领导的过程。”

几年前在教会任职的时候，奇普面临了一场重大领导力危机，他就是通过这种做法解决问题的。“我是第二把手。

教会很大，要管理7000名会众，员工队伍庞大，还有很多当地和国际的合作伙伴。人们在教会的发展走向上起了冲突。一批会众试图罢黜董事会，也就是教区委员会。这些反对者还利用税法条款501(c)(3)成立了免税组织来游说教会成员。双方剑拔弩张。人们减少了捐助，教会在亏损。我们完全不知道将何去何从。”

“我心急如焚，焦躁不安。有时候你不得不这样，因为敌人就在你后面，恶熊在身后紧追不舍。但是领导者要是那么焦躁，就无法聆听，无法判断，无法处理复杂问题。神经心理学家称这种现象为‘杏仁核劫持’。”奇普的看法和霍华德·普林斯一致。

“情绪剧烈波动或受到威胁时，领导者会感到恐惧。”奇普说，“你会陷进最糟糕的设想中，万念俱灰。这是你解决问题最懒惰的办法——干脆崩溃掉，辞职或是离婚，渐渐地你会心灰意冷。为避免这种情况，你需要退后一步，给自己一点空间来消化这些情绪。”

然而这段时间里奇普不再一个人静静待着。“由于我心焦如火，独处也没用了。”奇普说，“最后我去拜访了在神学院认识的一位僧人。他告诉我，‘没有什么可以改变你，除非是你内心发生了变化’。他让我重拾独处之道。”

于是奇普再次练习。“在那样的情况下，静默和独处是最重要的。你需要创造力。熊在你身后穷追不舍的时候，你很难停下来想出个创意，找到解决问题的好办法。但是你可以转过身去直面‘熊’——因为你所面对的可能根本就不是一头熊。”

通过写日记，奇普渐渐找到了创造性的解决办法。“我想，‘我要从自己价值观的角度看待这些人，找出对我来说什么是真实的，构思出建设性的回应’。”奇普的一个核心价值理念被他称为“集体”，类似于卡罗尔·沃伊蒂瓦（后来的教宗若望·保禄二世）所说的“团结”。“集体由个人组成，加入集体的每个人都已经承诺要无差别地互相支持。集体是包容的，因为集体成员欢迎别人加入。”“好的集体允许有不同意见，”奇普说，“但不允许分化。”“不同是想法的产物，分化是行为的产物。在一个集体中，我们可以存异，但不能分化。”

奇普对这场危机的回应是根据他的集体意识做出的。“我把反对派的领袖请来，让他们坐在我身边，静静地，不受外界打扰。他们同意了。刚开始比较尴尬，就像在耶鲁大学那个小教堂里一样。但过了一会儿，我们之间就有亲近感了。他们发现自己没有面临人身或精神上的威胁。我在和他们共同创建一个集体。”然后，奇普说：“我让他们想想自己的情绪，那些情绪对他们的影响，想想如果冲突继续的话，这些情绪可能对我们这个集体以及我们服务的机构会有什么影响。我让他们像我一样反思。”

接着奇普把教堂的领导层请来。“我们静静待着，不受外界打扰。在这过程中了解自己的情绪，探寻产生情绪的原因，同时我们也互相理解了。你逐渐明白为什么别人会有和你同样的情绪。”他说，“我对反对派的情绪有所了解，所以我的回应是让我们的领导层和会众也参与进来，共同讨论我们作为一个集体的身份，我们如何改进。之前我们的确没规划过未来。”

最终，“反对派提名了自己的候选人参加委员会竞选。他们输了。但是我确信他们不认为自己是失败者。一些人离开了教会，一些人仍然留下。留下来的人在某种程度上受到了疗愈”。

奇普将这番经历总结道：“最重要的一点是，我用静默和独处来稳住自己，否则我很可能因为焦虑而饱受折磨。领导者不能逃避现实，要脚踏实地，临危不乱，尽可能集中精神，做好倾听和明辨的准备。”

奇普的观点在今天看来一针见血。“由于缺乏静静独处的空间，人们就会焦躁，就会因为意见不同而互相视为异端，从而导致冲突、暴力。我们要逆转这种趋势。我们要让人们思考自己的情绪，直面自己的情绪，然后找到创造性的回应方式，建立起联系和信任。”

因此可以说，在人际交往中，我们需要多一点优雅。

第五章　直觉和逻辑思维可以激发创造力

“别人帮不了你，只有自己能帮自己。”

——T. E. 劳伦斯

直觉不仅能让人思路清晰，还能激发人的创造力，因为直觉不仅可以在密不可分的事实间建立联系，还能在乍一看互不相关甚至敌对的事物间建立联系。举一个历史上著名的例子，苹果落地似乎和天体物理学毫无关系，但是通过苹果的掉落，艾萨克·牛顿爵士用直觉得出了重力定律，并用这个定律来解释星球在轨道中的运动。在医学界，在某些生理过程（如细胞生长或循环）过快而无法控制的时候，研究人员就用通常能中止这些生理过程的不同蛇毒和蜘蛛毒制造出可以起到延缓作用的药物。这些例子都说明直觉可以通过构建前所未有的联系激发创造力。

直觉也可以通过另一种方式激发创造力。直觉可以提醒我们周围环境形成了某种规律，也可以提醒我们某个本该出现的规律却没有出现。举个简单的例子，如果我们走进一间房间，发现鸦雀无声，而正常情况下十分嘈杂，我们就会知道有什么地方不对劲。说得更明白一些，传统的思维假设某些事实存在，这些事实本身形成一种规律，根据假设存在的事实，可以推出决策规则。比如气象学家假定喷射气流以一定的路径运动，并据此做出预测。但当规律不完整时，直觉会提醒我们，而这时传统思维就不起作用了。

一战中，坦克的发明——和人不一样，轻武器伤不了坦克——预示了军队保卫阵地的方式不再是让士兵在战壕里手持步枪和机关枪扫射。温斯顿·丘吉尔（当时英国的第一海军大臣）比德国人更快认识到这个事实，因此英国占了上风。

托马斯·爱德华·劳伦斯（T. E. Lawrence，更流行的称呼是“阿拉伯的劳伦斯”）在 1917 年阿拉伯起义（Arab Revolt）中以这两种方式运用直觉。劳伦斯的直觉不是在经常独处中产生的（虽然他渴望常常独处），而是在生活中一段插曲中产生的，当时他因为痢疾而在帐篷中卧床 10 天。这一事件的结果将改变他的时代和我们时代的历史。

劳伦斯不是天生的领导者。他非常内向，和外向的艾森豪威尔形成鲜明对比，劳伦斯写道：“我这一生，事物比人物更令我开心，而思想比事物更令我开心。”他的天性不是领导别人，而是观察别人——热切地、静静地、深入地，以小说家的眼光和优美诗意的文笔。思想，是他与外界沟通的媒介。他写道："与人交往，有目的地和人打交道，对我来说是难上加难。"让困难加倍的是他生活的外部环境：阿拉伯的荒漠。"对荒漠的倦怠感总是伴随着我，每日每夜都能听到别人在说什么，看到别人在做什么。"在沙漠中，他"对独处的渴望"通常无法得到满足："我们没有个人独处的空间，没有厚厚的衣服来遮羞。人和人之间毫不避讳。"但在 1917 年 3 月的 10 天里——在帐篷中卧病在床的时候——劳伦斯真正实现了独处。当他从帐篷里出来的时候，这位个子矮小，天生喜欢沉浸在自己思考中的男人，成了一名毅然改变身边事件进程的领导者。

这些事件就是阿拉伯起义，阿拉伯半岛上零散的部落团结起来反对奥斯曼土耳其帝国的统治。起义开始于 1916 年 6 月，是由"埃米尔"侯赛因・本・阿里（Emir Hussein bin Ali）领导的，他是哈希姆家族领袖、伊斯兰圣城麦加和麦地那的谢里夫（管理麦加和麦地那这两个圣城领袖的敬称）。当时，奥斯曼帝国和德国在一战中结盟，英国承诺给侯赛因资金和武器装备，支持他反抗他们共同的敌人。起义开始后，由于进行突袭，侯赛因的部落很快控制了只有一小队土耳其人防守的麦加。但是部落士兵在夺取麦地那的时候被完全击退，因为麦地那的防守兵力有 1 万，而且英国没有及时提供承诺的支持，称他们需要更好地了解现场情况后才能干预。

因此，劳伦斯自愿从沿海城市吉达（Jeddah）来到内陆的战区。

从某些方面来说，让劳伦斯担此重任是没有把握的：他只是个下级军官，没有受过正规的军事训练，还公开鄙视军队文化。但他阿拉伯语流利，对阿拉伯部落文化了如指掌。在牛津大学大二学期结束后，他整个暑假都在调查研究叙利亚的十字军城堡。第二年，也就是 1910 年，他在圣诞前回到叙利亚，接下来三年的时间里他都在卡尔凯美什（Carchemish）的考古遗址，监督来自不同阿拉伯部落的工人。1914 年 1 月，他对西奈半岛开展了为期两个月的调查，其间他绘制出具有重要战略意义的亚喀巴（Akaba）港口周边区域的地图。后来，他在开罗当情报官，熟悉了阿拉伯半岛上奥斯曼土耳其部队的位置，这在士兵中是独一无二的。劳伦斯本人非常有天赋，几乎就是个天才了。战后不久，一位肖像画家这样描述他：

“我从未见过如此精力充沛的人。经常是笑容灿烂，带着诙谐与快乐。有时候嘴角大大上扬，露出不同寻常的弧度，这是一种古怪的、预示着不祥的弧度，警告危险的来临……眼睛滴溜溜转，接着目光可能是停留在我身上或穿透了我，但不会告诉别人我在想什么，虽然他已经尽收眼底……眼神澄澈，好像动物似的，但又具备完完全全人类的理解力。”

画家也描述了劳伦斯独处僻静时的样子：“思考的时候，他会忽略别人的存在，隐退到自己的一方天地，（他的目光）微微分散。他一个人静静待着，仿佛狮子或蛇一样叫人难以捉摸。”

1916 年 10 月，劳伦斯独自前往起义中心地。他有自己的日程计划。当时，起义陷入僵局，“发生了非常规战争，”劳伦斯认为，“这是灾难的前兆。”劳伦斯认为问题在于起义军领导层缺乏关键因素：“不是才智，不是明断，不是政治智慧，而是可以让整个大漠熊熊燃烧的如火热忱。”劳伦斯在英国军队中虽然军衔低微，但怀有远大目标——“找到现在还不为人知的起义幕后领袖，看看他有没有能力让起义达到我所设定的目标。”而且，劳伦斯还没有把他设定的目标告诉上级。1916 年 10 月，阿拉伯起义被限制在汉志（Hejaz），这里有大概绵延 200 英里的沙漠丘陵、山峰和山谷（大部分都位于今天的约旦和沙特阿拉伯），沿红海海岸，从北部的亚喀巴一直到南部的麦加。但是劳伦斯设想的阿拉伯国家要更加向北延伸，到大马士革（Damascus），再到阿勒颇（Aleppo），不仅包括汉志，还包括叙利亚所有说阿拉伯语的民族。这个目前只有他自己知道的目标是让整个地区的阿拉伯人自力更生战胜敌人赢得独立，这样以后就不用把土地割让给英法帝国主义。

劳伦斯知道，起义的“幕后领袖”不会是侯赛因本人，因为他年事已高，无法在战场上领导作战。所以劳伦斯找到侯赛因的四个儿子，并进行观察。大儿子阿卜杜拉（Abdulla），起义军都以为他是领袖。但劳伦斯觉得他是“假装开明”，过于风流，甚至有些虚情假意。他看上去也像个贪图安逸之徒，利用特权恣意享乐，弄得身体羸弱、精神软弱。最小的儿子扎伊德（Zeid）只是“19 岁的小伙子，安静、率真，对起义没有热情”。次子阿里（Ali）“高贵、令人钦佩”，但也天真，“性格不坚强，容易紧张，倦怠”。

然后就剩下三子费萨尔（Feisal），劳伦斯是在起义前线附近遇到他的。目前为止大部分战斗都是费萨尔而不是阿卜杜拉领导的。他是一个卓越的禁欲者，和阿卜杜拉有天壤之别。劳伦斯如此描述费萨尔：“高大如石柱，身材瘦削，穿着白色丝绸长袍，棕色的头巾用光彩夺目的深红色和金色细绳绑着。”他的眼睛很大，“黑亮、迷人”，他的脸颊凹陷，拥有王者气质，但看起来有些“文弱”。在给手下闹得不可开交的部落调解冲突的时候，费萨尔“非常老练，能依照自己的意愿控制别人的情绪”。他“似乎没有刻意管理手下：几乎不在乎是否把自己的意志印刻在他们脑海里，也几乎不关心他们是否顺从。这是高超的艺术，而且不显山露水，因为费萨尔生来就会”。费萨尔就是劳伦斯寻找的先知。他这次旅程的目标实现了。

劳伦斯意识到自己要和这个人并肩战斗了，因为英国给费萨尔提供了支持，并派劳伦斯回去给他担任顾问。然而，在他回来的那天晚上，劳伦斯却发现费萨尔身处险境。土耳其人已经找到阿拉伯阵线的突破口，费萨尔手下几个部落惊慌失措，被迫退回位于南部沿海城市延布(Yenbo)的叛军基地。

劳伦斯意识到了一个基本问题——阿拉伯和土耳其人的不同点。部落人的强项是防守，潜伏在岩石关隘的阿拉伯狙击手可以让土耳其人长时间陷入绝境，但阿拉伯人无法承受大炮的轰炸，100 名土耳其人在战壕里可以轻松击退 1000 名部落士兵。但是起义军的目标是摧毁麦地那 1 万人的土耳其卫戍队，因此自从部落士兵在麦加开局得胜后，就再也没有胜利过。

1917 年 3 月，劳伦斯经历了史上最严重的痢疾疫情。几天后，他病重到无法行动，于是独自在帐篷里待了 10 天。就在这 10 天里，他的直觉涌现了出来。几个月来，劳伦斯一直在观察起义过程，起义一直遵循着“指导现代、科学的战争的合适准则”，也就是当时的传统思维。这些准则认为，“战争的目的”是“摧毁敌人武装力量”。这一论断适用于法国，但不适用于阿拉伯；因为阿拉伯军队的目标是“地理上，把土耳其人从亚洲所有说阿拉伯语的地方驱逐出去……如果他们可以静静离开，那么战争就会结束”。如今，劳伦斯已经意识到传统军事思维的准则及其所基于的论断模式“在这里不适用，所以我很担心”。

创造性的一大特点是敢于跳出传统观念对自己目标的束缚，这正是劳伦斯独处思考时想到的。他给阿拉伯人的战争找到了“另一个目的”——驱逐土耳其人而非摧毁他们——

然后劳伦斯开始重新考虑阿拉伯的处境。他认为，虽然起义军受挫，“但我意识到我们已经打赢了汉志战争”。敌人想要控制整个大约 14 万平方英里的地区却是一件非常困难的事情。“土耳其人会怎么防御？”如果阿拉伯人“举着旗帜大举进入”，土耳其人肯定会“在底部挖壕沟”，劳伦斯想。但是这些都是传统战争的方式，目标是摧毁敌人，现在劳伦斯开始考虑别的手段。土耳其人不能在没有补给的情况下在阿拉伯停留，而补给是通过汉志铁路运输的。因此，阿拉伯人只需要切断他们的补给线。剩下的问题就是怎么切断补给线。

劳伦斯再次用直觉想出了答案。他为当前和未来构建了起义的概念：“假如我们（可能）是一种影响，一个想法，一种无形的东西，不会受到伤害，不分前后，就像气体一样飘来飘去。”在阿拉伯“空间比军队力量更大”。阿拉伯人可以“养成不与敌人硬碰硬的习惯”，而且是攻其不备，来无影去无踪。“在铁路路堑里，通常就是一段空旷的铁路，地势上越空旷，战术上就越成功。”为了抵挡威胁，在“广袤莫测的沙漠”中，土耳其人“每 4 平方英里建立一个堡垒”，每个堡垒至少由 20 人把守，共 16 万人——土耳其人不可能找来那么多人。同时，费萨尔一声令下，手下将士就会在众人中宣传关于独立阿拉伯国家的理念——涨自己士气，灭敌人威风。“最终的胜利似乎很有把握。”劳伦斯总结道，只要他们耐心等待。

劳伦斯从帐篷里出来后就立刻按照自己的想法行事。他明白，要让起义从汉志北部传播到叙利亚，阿拉伯人必须要夺取位于汉志最北端红海沿岸的亚喀巴镇。劳伦斯在1914年绘制地图的时候也知道，对亚喀巴进行海上攻击绝无可能。让军队在沿海登陆非常简单，但是城镇后面是伊藤河谷（Wadi Itm），一个崎岖、蜿蜒、峭壁环绕的山谷（Wadi是干涸的山谷或水道，在下大雨后才会蓄水），土耳其人在此构筑了很强的防御工事，隐蔽在堡垒中就可轰炸整座城镇。河谷长25英里，海拔4000多英尺，顶部与绵延20英里的平原相接，直达位于马恩（Maan）的一座火车站。因此，没有一个部队在亚喀巴登陆后能够站稳脚跟。同时，在马恩背后，东部有几百平方英里的沙漠，堪称阿拉伯环境最险恶的荒漠。没有军队能够穿越。所以，用常规手段无法攻破亚喀巴。

然而，劳伦斯独处时想到的战略非同寻常。他计划是向沃季赫（Wejh）东北行军200英里，到达马恩东部最荒凉的地方，沿途集中部落兵力，再往西北行军100英里，然后向西南绕150英里到达马恩，从后方进攻土耳其人重兵把守的伊藤河谷。这次内陆行军共600英里，这样就能让这座城镇位于“我们舰船的炮火射程内”。土耳其人永远不会想到我们会从这个方向进攻。劳伦斯写道，他的计划“完全是我在病床上沉思的时候想出来的，也算是因祸得福，对我帮助很大”。

劳伦斯的计划很快成为现实。一天下午，他和费萨尔坐在帐篷里，费萨尔的一个手下走进来跟他说了句悄悄话。费萨尔转向劳伦斯，他“眼睛明亮，努力让自己平静下来，然后说‘奥达来了’”。奥达是著名的军阀，来自席勒汉河谷（Wadi Sirhan）的豪威塔特族（Howeitat），根据计划，劳伦斯会经过此地。奥达很快给劳伦斯留下了深刻的印象。“他现在一定快50岁了（他说自己40岁）……但仍然高大挺拔，身材颀长，孔武有力，就像年轻人一样充满活力。”他结了28次婚，受了13次伤，自1990年起一共杀了75个阿拉伯人。在奥达的统治下，他的部落成为西阿拉伯半岛最能征善战的部落。这样的精兵是可以拿下亚喀巴的。劳伦斯告诉奥达他的计划，奥达认为可行并同意出征。

劳伦斯、奥达，以及几十名部落士兵骑马前往250英里以外的席勒汉河谷，然后奥达让豪威塔特族人也加入了征程。接着他们开始向东南远征，前往亚喀巴。除了严酷的自然条件外，他们在马恩附近还遇到了严峻的挑战。奥达带领阿拉伯人打败土耳其的一个骑兵冲锋营。（劳伦斯后来报告说，奥达差点就战死了，“两枚子弹打碎了他的野战眼镜，一枚穿透他的左轮手枪皮套，三枚打中他的剑鞘，他骑着的马也被杀死。他非常高兴自己能死里逃生”。）在伊藤河谷，阿拉伯人发现土耳其堡垒几乎都没有防守，因为土耳其人计划只在登陆亚喀巴的时候才派兵把守。7月6日，阿拉伯人拿下亚喀巴。劳伦斯的上级根本不知道他就在附近。

劳伦斯在“病床上的沉思”带来了成功,“阿拉伯的劳伦斯”的传奇也因此而诞生。阿拉伯起义——虽然尚未成为阿拉伯独立事业——朝着最终的胜利前进。

| 第三部分 |

如何成为一个好的领导者

第六章　保持情绪平衡

美国南北战争期间的 1863 年 4 月 30 日，时任联邦军队波托马克军团司令的是约瑟夫·胡克（Joseph Hooker），人送绰号“好战的乔”。在美国弗吉尼亚州钱斯勒斯维尔附近，他指挥部下完成了美国军事历史上最伟大的机动作战之一：他率领约 7 万名士兵沿着拉帕汉诺克河北岸向西行军 10 英里，然后又指挥他们在凯里福特渡口过河，紧接着又向东迂回到联盟军后方的攻击距离。

罗伯特·李将军当时根本没察觉到胡克的部队已经到了自己后方。当时的局势是，罗伯特·李将军的 6 万大军面临着自己后方由胡克率领的 7 万人和正面的 7 万联邦军队的包围。只要胡克利用自己手下军队的压倒态势猛攻罗伯特·李将军的军队，这场战争就离结束不远了。胡克被自己调兵遣将的成功冲昏了头脑。得意忘形的他在 5 月 1 日对自己的手下宣称：“南方叛军现在已经成了波托马克军团的囊中之物了。”

但是，罗伯特·李将军因为其赫赫战功，已经在联邦军和联盟军双方的士兵心目中树立了不可战胜的英雄形象。当胡克的部队与罗伯特·李将军的军队第一次交战的时候，胡克就乱了阵脚，慌忙撤回自己的部队并转为防御态势。当罗伯特·李将军化被动为主动，猛攻胡克部队的侧翼时，胡克自己就直接崩溃了。（胡克最后是被手下用担架从战场上运了出来。）虽然胡克的部队仍然对罗伯特·李将军的军队占有２：１的人数优势，但是几天之内胡克就将自己的部队撤往华盛顿方向。胡克没有控制住自己的情绪，让本来摆在面前的大好优势白白丧失。

领导者身上肩负着沉重的责任。只有对自己身上的责任思路清晰、信念坚定的领导者才能有信心应对。这样的领导者遇事沉着冷静，可以做到情绪平衡。因为决策是一个不断权衡各种利益冲突的过程，只有沉着冷静的领导者才能避免自己情绪扰动的影响。

然而，正因为身上肩负的责任重大，所以领导者往往并没有表面看起来那么沉着冷静。领导者走过的道路极少平坦，每遇到一次挫折，每出现一次意外，都会加重领导者身上的压力。有些时候，领导者可以泰然自若地解决这些挫折：要么之前就已经预料到这些挫折，或者是出现过类似的状况，因此预留出了回旋余地。这样的挫折往往反而会增强领导者对自己全盘计划的信心。但还有些时候，当现有挫折难以克服的时候，领导者之前所设想的根基都有可能被动摇。

而一旦抛弃之前的设想，领导者很有可能就会失去清晰的思路和坚定的信念。他会感觉自己做了错误的判断。当这种情况出现的时候，身边的人轻则会感到沉默的压抑，重则会因恐慌乱了阵脚。此时此刻的领导者更能意识到自己所面临的困难有多么棘手。身上的责任本来就很沉重，现在更是脱离了自己的控制。然而，当此时领导者最需要自己的判断力的时候，他的理智恰恰又是到了最脆弱的时刻。

“有效的领导者，就是当身边许多人都慌乱的时候，仍能保持自己情绪的平衡，并且思前想后。”美国海军陆战队退役四星上将詹姆斯·马蒂斯如此说道。他认为在当今时代要做到独处是一件难事。他曾说：“如果要我总结一下信息时代的高层领导们所面临的最大问题，那就是缺少思考。”

这个问题也曾困扰着马蒂斯将军。2011 年，马蒂斯将军接替戴维·彼得雷乌斯出任美国中央司令部司令，总领美军的行动。他当时曾说：“美军在许多地区都有战事，我现在仅有零零碎碎的独处时间。”但他还是非常珍惜自己的独处时间。人送绰号“战僧”的马蒂斯将军不管驻扎在哪里，都带着自己的上千本藏书，并携带很少的随身个人物品。对于马蒂斯将军来说，书本就是帮助自己走进沉思的独处时光的大门。从书本里面蕴含的关于人类社会的智慧出发，往往就能找到解决领导问题的良方。他曾说过：“很遗憾，人的天性从未改变，而且在将来一段时间内也不会改变。”

“领导者的能力一部分来自于思考的能力。”马蒂斯将军说。他接着引用了英国诗人吉卜林《如果》里面的诗句：

如果当众人六神无主，且对你妄加指责时，你仍能镇定自若……

“独处可以让你在别人慌乱的时候静下心来思考。”马蒂斯将军曾说。领导者如果不能跳出自己面临的泥沼，去思忖从哪里来、到哪里去的问题，就会发现自己“被一连串事情牵着走”。能站在局势之外通盘考虑的领导者才可以改变局势。“如果你能把独处的时间用来吸收自己在阅读和经历中的收获，来与身边时刻发生的事情拉开一定的距离，那么独处的时间就得到了很好的利用。我们需要通过独处来重新聚焦于未来的决策，而不是等到问题出现的时候疲于应付。受到外在刺激后，回顾自己以往的经验和教育，然后再审视需要做些什么。”马蒂斯将军如是说。

马蒂斯将军所言指的是我们需要维持情绪的平衡，而不是等失衡过后再恢复。当利比亚领导人卡扎菲倒台后，贾娅·瓦德拉穆迪（Jaya Vadlamudi）作为一家国际救援组织的高级联络官被派往利比亚工作，在此期间她就很好地保持了自己的情绪平衡。贾娅出生于美国新泽西州，在约翰·霍普金斯大学（The Johns Hopkins University）获得了国际关系学位。她先是在纽约的摩根士丹利金融服务公司和苏富比拍卖行先后工作了一段时间，等到30岁的时候才决定搬到洛杉矶。“我在洛杉矶无亲无故，就是想在那里尝试下新鲜事物。我当时就下定决心先在洛杉矶至少待一年再说。”现在她在洛杉矶已经5年多了，一直在从事非营利性行业。

领导者的情绪波动往往并不是因为出现预料之外的问题，而是源自一种被纷乱的目标、困难以及各种信息所淹没的感觉。贾娅说：“我利用独处的时间找回自己的控制感。当今时代，各种各样的信息铺天盖地，尤其是智能手机里面的信息。我们往往没有时间来处理所有的信息。我们需要找出时间，做出实际行动来帮助自己思考。”贾娅经常用到的一个办法就是写下自己的目标以及为实现目标所需要做的事。她说：“我热衷于列清单。已经完成的事情和想要做的事情都会列出来。”通过列出自己的任务以及存在的困难，贾娅对这一切都了然于胸，因此就赶走了焦虑。“每当列完清单，我都会想‘好的，我可以做到’。”

在利比亚工作期间，贾娅通过各种方式维持了自己的控制感。她介绍道：“那时利比亚内战刚刚结束。这个国家已经数十年没有见识过民主或是得到外界的帮助了。人们住的都是简易住房，连最基本的医疗服务都得不到。那里的医院和诊所，不是毁于战火，就是被洗劫一空。”在贾娅前往利比亚之前，她所在的国际救援组织已经派医护人员前往那里。“我的工作就是通过视频向西方人讲述深陷利比亚战火的难民的故事。他们并不是什么恐怖分子，而是和我们一样，是一个个需要胰岛素和癌症药物，有孕妇需要接生的家庭。我们应当从人性化的视角看待他们，告诉外界他们生活在怎样的条件下。”

贾娅的首要任务是为接受自己组织帮助的家庭拍摄照片，并对他们进行采访。她经常要在两名利比亚人陪同下，前往自己组织的医生所工作的村庄。“这些村庄都在极为偏远的山区。放眼望去，目光所及之处都是石头，没有树也没有草，建筑物又小又老。”等待看医生的人往往都排着长长的队伍。“没有人看起来因为排队而不高兴，反而都很兴奋，因为许多人都至少有一年没看到过医生了。”贾娅先会询问医生当地村庄的大致情况，而大多数村庄的情况都极为悲惨。“我亲眼见到因为战争负伤的病人，营养不良的儿童，还有需要治疗的孩子。”接着，贾娅就会通过翻译和正在接受治疗的家庭攀谈。“我会和他们谈论他们在战争之前的生活怎样，以及他们对孩子抱有什么希望。这是这段经历的动人之处。”

然而，她的工作也面临极端的压力。“那是一个极为动荡的时代，每个村庄都有当地的民兵组织，成员都是手里抱着机枪的小孩子和 20 来岁的年轻人。每个人身上都有武器，每个村庄都有检查点。我们不知道在下一个检查点会发生什么。他们会对车辆进行检查，询问我们为什么会出现在那里。我所在的组织给我弄到了一个当地身份证，这样我就不用向任何人出示美国护照了。”

让这些压力更为糟糕的是贾娅的女性身份。“那里很少在公众场合看到女性的身影。街上看不到女性在散步，也见不到在外面玩耍的女孩。能看到的女性要么在市场，要么带着孩子排队接受医疗服务。女性在其他时候都待在自己家里。这倒不是卡扎菲的缘故，而是那里的文化传统。那里的房子连阳台都很高，根本不能在外面看到阳台里面。就算外人进入当地人家里，家里的女性也不会露面。看到这些让我感到难过。”这些文化传统对贾娅也造成了非常直接的影响。“申请签证的时候，申请表格里有一栏是问我‘谁可以作为你的男性监护人’，两个选项分别是‘丈夫’和‘父亲’。我只得平复自己的心情，接受这个现实。”在当地村庄里面，据贾娅的描述：“我身上的每一寸皮肤都得遮盖起来。我身边都是男人。我试着对他们表现出尊敬，并尽可能少说话。如果要给女性拍照的话，必须事先得到男性的许可。作为一名整天在外面和男性相处，手里拿着笨重的相机，背着巨大背包的女性，我的出现让当地人非常惊奇。我感觉到自己非常脆弱。在那里，作为一名美国女性是一件非常可怕的事情。”

只有每天返回宾馆后的独处时间，贾娅才能感受到一丝解脱。“我终于可以喘口气了。卸下背包和摘掉头巾是我在身体和心理上的双重解脱。然后我就可以做回我自己。我喜欢坐着让自己平静下来。”这一过程和冥想有些相似之处。“我在日记里写下自己的所见、所感、所想。通过写日记，我可以深入自己的感受。我还用网球在自己肩膀和脖子上滚一滚，一边滚，一边回想刚刚结束的一天，任由思绪翻飞。”

在利比亚工作期间，除了在身体和文化上遭受的压力，贾娅每天还面临着大量涌入的信息。“我有大量的数据需要处理——之前见到但却没认真思考的事情、拍摄的照片、采访中听到的故事，等等。开始的时候我也曾焦虑，因为我在回国进行后续宣传之前需要处理的信息太多了。于是我便把这些海量的信息拆分成一项项的小任务，这样我就能感觉到一切皆在自己掌控之中。”记日记的方式在这里也同样有用：“我会写下自己想要记住的事情。”不过，能够真正缓解贾娅身上生活和工作压力的是她拍下的那些照片。“只要浏览一下当天拍摄的照片，我就能感觉到非常平静。我可以对自己的所见进行加工。我总是想从这些照片中找出最完美的画面，寻找不一样的美。在肯尼亚的时候，我拍摄的照片有美如画的风景，有母亲和婴儿互相深情凝望的动人时刻，有孩子们在户外尽情玩耍的惬意。但是，这些画面在利比亚是见不到的。我们看到的是一名医生在一个偏远的山区小镇为整个家庭治疗。当地人眼中流露出的安慰，就是我想要捕捉下来的美。”

当找到自己所寻找的美之后，贾娅对完成任务也充满了信心。每天晚上在宾馆的独处时间让她对身边发生的一切有了控制感，以及对自己情绪的控制感，不必为了第二天需要面对的一切而感到焦虑。“没有那些独处的时间，我肯定坚持不了那么久。”

凯蒂·西莫尼斯（Katie Simonis）的故事也有类似之处。凯蒂在担任美军排长的时候也是通过解决紧张压力的来源从而维持自己的情绪平衡。凯蒂2003年毕业于美国西点军校，后来在芝加哥大学获得了工商管理硕士学位。2004年，凯蒂被派往阿尔拉希德区（al-Rashid）。她是作为情报官被派往那里的，但是一直想得到指挥作战部队的机会。她讲道：“有一天深夜，在我们当天的汇报结束后，我们旅长上校把我叫到了他的办公室，告诉我说在第68防化连有一个排长位置的空缺。”

该防化连由男女士兵混编，最开始的任务是在该地区寻找核生化武器，后来被分配执行控制阿尔拉希德附近区域的任务。“因为我们当时正处于作战行动当中，而且第68防化连又是男女混编，所以旅长有权任命自己认为最适合的人填补这一空缺，不论男女或专业。他说，如果我感兴趣的话可以为我安排一次面试。我当然感兴趣了。时至今日，我仍然非常感激旅长当时冒着一定的风险为我提供了这样一个机会，让我可以成长为年轻领导者。”

很快，凯蒂就当上了这支防化连的一名排长。她的排里共有 14 名士兵，他们都已经参加了 5 个月的作战行动。当时，她是整个营约 1000 人里唯一的女排长。该排的任务包括寻找地方迫击炮和火箭弹袭击的来源，以及在“爱尔兰大道”上执行战斗巡逻。“爱尔兰大道”是一条繁忙的交通要道。“我们的基地紧挨着爱尔兰大道。我们的责任区域包括我们北部的部分市区，以及南部的一些贫困农村地区。基地四周的地势开阔，没有遮拦。”每次巡逻都由 11 名士兵参加，乘坐至少三部车辆，每辆车都至少有一架车载机枪。凯蒂每次巡逻的时候都会亲自操作车载机枪。

凯蒂说自己“作为一名年轻的指挥官所面临的最大挑战就是身上的压力”。大部分压力源于战斗巡逻，因为战斗巡逻是美军最危险的任务之一。“我们面临的最大威胁是路边炸弹。”路边炸弹即简易爆炸装置，通常是埋在土路上的炮弹。当有美军车辆驶过路边炸弹位置的时候，附近的叛乱分子就会使用手机等引爆炸弹。那些叛乱分子穿着平民的衣服，往往还混在平民中间。“在巡逻的时候，很难辨别哪些是威胁，哪些又不是。”他们面临的威胁还包括迫击炮弹，有时炮弹会打到美军基地，有时则是针对正在执行巡逻任务的美军士兵。“我们排还担任着快速反应部队的值班，也就是说我们需要 24 小时保持警戒。每当有车辆陷进泥里或翻车，或者哪里发现了没爆炸的迫击炮弹或火箭弹的时候，我们就得出动。

有一次，敌人知道我们正在赶来，当我们赶到的时候就用迫击炮向我们射击。”

然而，对于凯蒂来说，还有许多压力是关于个人的。“我一直意识到自己在排里面经验最少，而且是唯一的女排长。我感觉自己代表了全体女性，因此想证明自己。”作为女排长，凯蒂在基地有自己的房间。用马蒂斯将军的话来说，她用自己的房间来“对未来的决策重新聚焦”。在指挥部队执行作战任务时，作为指挥官的压力难以避免。但是，在自己房间独处的时候，凯蒂通过定义自己领导者身份来解决其他压力来源。她作为领导者的一个特点是愿意问问题。“我既想当一个当家做主的指挥官，又想表现出自己在虚心学习，并不是所有事情都知道。作为新上任的指挥官，我的下属知道我没什么经验。我意识到，他们宁愿自己缺乏经验的指挥官多问一些问题，而不是不懂装懂。”

她另外的一个特点是乐于锻炼和培养手下的士兵。“我后来都会带着一名下士和我一起指挥巡逻。这样，就算巡逻的指挥官发生什么意外，其他人也知道该怎么做。要想得到这样的经历只有带队指挥巡逻。”凯蒂还树立了一个不按照排班表参加巡逻的榜样。“作为指挥官，我们总是感觉自己应该每次都参加。但是我亲眼看到其他排的指挥官因为疲倦而崩溃。不参加巡逻是允许的，指挥官应当做出榜样。我想让我手下的士兵知道，在我看来，定期的休息是非常重要的，所以我首先要让自己休息。既然我可以休息，他们也可以休息。”

在几个月的时间里，凯蒂指挥自己的排完成了100余次战斗巡逻。“我在自己房间里的独处让我有时间和空间去回想刚刚完成的任务，去考虑在接下来的巡逻中需要做出什么调整。专心于将来需要做出的决定让我确信自己尽到了自己最大的能力来降低部队可能遭受的风险。这就降低了我作为指挥官的焦虑感。”

有些时候，就连最优秀的领导者也会失去情感的平衡。领导地位意味着责任，而在举步维艰的逆境当中，责任也会带来情感波动和情绪压力。从这个角度看，责任就像个杠杆，当其一端受到逆境的压力时，就会影响领导者的情绪平衡。当逆境的压力过大或者是在没有防备的情况下出现，可能就会让领导者一下子失去平衡。就连林肯这样的伟大领导者都被击倒过不止一次。还有些时候，逆境造成的压力是累积式的、一段时间内的紧张压力——一方面是困难造成的压力，一方面是执行中遇到的阻力。直到最终领导者开始失去沉着和冷静。需要特别指出的是，每位领导者都有自己情绪的极限，偶尔过界没有什么难为情的。优秀的领导者并不是不会失去情绪平衡，而是能及时恢复。

有时候，宣泄是让领导者恢复情绪平衡的最快方法，至少是一个好的开端。在有次失去对情感的控制之后，凯蒂就是通过宣泄恢复了情绪平衡。当凯蒂当上排长后，自己的一位高中好友，同时也是一名海军陆战队士兵，驻扎的地方离她所在的基地约10英里。可是凯蒂当上排长还不到两个星期，就得知这位好友在巡逻时被路边炸弹炸伤，伤势严重。“他回到美国后就伤重不治。他之前还给我发了一封邮件，问我近期会不会路过他所在的区域，这样我们还可以见上一面。得知他去世的消息后，我发了疯似的在自己的收件箱里寻找那封邮件，然而却发现自己从没回复他。对此我感到无以复加的遗憾。”

对于凯蒂来说，得知好友去世的消息正是自己脆弱的时候：她刚当上排长没多久，正准备当天的首次巡逻。于是她决定不参加这次巡逻。“我意识到自己需要时间静一静，于是就给自己请假休息一下。”那天下午，她一直待在自己房间。“我知道，如果花时间消化这个消息的话，就算参加了巡逻，我也不能很好履行自己的职责。”当这次情感的冲击平复下来后，凯蒂又能再次专注于自己作为指挥官的职责。“我清楚地看到，生命是多么宝贵，又是如此脆弱。每次离开营门去执行巡逻任务的时候，我们都不知道接下来会发生什么。失去自己的朋友让我真真切切地感受到自己作为指挥官冒着怎样的风险。”

眼界也是帮助领导者恢复情绪平衡的好方法。2007年，当帕梅拉·斯利姆（Pamla Slim）的家庭遭遇危机的时候，她就提升了自己的眼界。帕梅拉是畅销书《逃离格子间》(*Escape from Cubicle Nation*)和《工作的主体》(*Body of Work*)的作者，同时也在经营自己的高管培训公司——嘉纳斯咨询公司。她和丈夫达里尔（Darryl）以及两个孩子住在美国亚利桑那州的梅萨市。

达里尔也有自己的建筑公司，在2007年初还在蒸蒸日上。那时帕梅拉正在写自己的《逃离格子间》，这本书来源于自己离开大公司创业的经历所带来的灵感。然而，当10月份他们的女儿出生后不久，达里尔的公司随美国经济一起开始陷入经营上的困难。帕梅拉说："几乎一夜之间，建筑项目都没了。达里尔的公司不仅没有收入，还一直在亏损。"雪上加霜的是，达里尔不久前刚扩大了自己公司的规模，引进了新的设备，并因此欠下了债务。"我们对于他的公司的经济责任让我感到恐惧。每天凌晨3点我就会醒来，不知道我们如何才能渡过这一难关。"与此同时，"我还正在写一本关于如何自己创业的书。我觉得这分明就是在骗人"。

帕梅拉认为自己是一个"极为外向"的人，而达里尔则非常内向。在此危机期间，达里尔告诉帕梅拉说："你需要一些独处的时间。"达里尔来自美国印第安人的纳瓦霍部落，他父亲和帕梅拉分享了纳瓦霍部落的一句谚语："当你心情不好的时候，坐在土地上。感受自己和大地之间的联系。"

帕梅拉听从了他们的建议。每天清晨，当家里其他人还没醒来之前，帕梅拉就坐在自家房子后面的一块石头上，仰望着东方，看着太阳从迷信山的方向升起。“我感到自己和自然融为了一起。看着远处的山峰，我就在想它们从很久很久以前就已经在那里了。不管人类社会发生了什么，他们一直矗立在那里。我开始对面临的困境有了清醒的认识。状况并没有我所想的那么糟糕。”

在眼界拓宽之后，帕梅拉说：“我的恐惧开始慢慢消失了。”在恐惧消失后，她的想法也越来越积极。“我认识到我们并不是个例。许多其他建筑公司也在面临同样的困境。我还找回了自己写作的动力，再次以饱满的热情投入到写作当中。”帕梅拉的父亲告诉她，在和达里尔经历了这种困难之后，她应该可以“写出一本更好的书”，并且“更清楚创业的艰辛”。帕梅拉说：“我深以为然。”

“当时的我并没有意识到在那块石头上独处的时间有多么可贵。现在我知道，我从中最大的收获就是一种眼界。”

关于眼界，三英·司尚（Sanyin Siang）也有补充。三英是美国杜克大学K教练领导能力及道德中心的执行主任，还为《赫芬顿邮报》（*Huffington Post*）撰写关于领导力的文章。“我们在面对失败的时候需要独处。领导者身上肩负的责任越大，风险也就越高，成就也更伟大，既有春风得意的高峰，也有捉襟见肘的低谷。高峰和低谷都是强力的情感刺激。”

三英一直在主张自己提出的“战略思考”。这一过程可以进一步拓展眼界，但并不是用更高的标准来衡量困难，而是将困难化繁为简。正如一直坚持“沉默和独处”的牧师奇普·埃登斯，三英也表示“独处可以让我们审视自己为什么会做出这样或那样的情感反应。战略思考让我们明白哪些是真正重要的，哪些又是让我们分心的事。有时候让我们心烦意乱的事其实并不重要”。

得克萨斯州的德娜·布拉杰是西点军校的毕业生，同时还是六个孩子的母亲。她也在强调这一点。“通过坚持定期的独处，我在自我改正方面做得很好。我能更加专注于重要的事情，不重要的事情就让它们过去。我能倾听自己内心的声音。”她有个亲戚总是做出简单直接的评论，比如说“你看起来很累”“你的样子糟糕透了”，等等。通过独处，她可以选择对这样的品头论足一笑了之，根本不放在心上。此外，思考还可以让她在重要事情上坚持自己的立场。“如果我和别人争论起来，肯定不是因为一时头脑发热。我之前肯定就把情况已经想好了。我是自己决定要生气。”

三英同时也主张，当领导者享受成功的喜悦时也要进行战略思考，原因有二。一是，“巨大的成功之后，我们的大脑会接受更多的刺激”。就像领导者在逆境的时候可能把情况想得比现实更加糟糕，在成功过后等待荣誉和赞美的领导者也可能把情况想得过于乐观。“通过独处来远离这些外在的刺激，领导者可以保持头脑的清醒。”二是，“离开了思考，对成功的追求有时候只会停留在虚荣心上”。外界的赞美和关注转瞬即逝。领导者如果不能将自己的成功与更为长远的目标联系起来，就会很快感受到空虚。三英回忆说：“在很长一段时间里，我一直想成为一家全国性出版物的供稿人。当我最终实现这个目标之后，我狂喜了一整天，但这一天过后就感到了空虚。我需要通过思考来认识到自己的目标究竟是什么：一个可以让我发表自己让世界更美好的观点的平台。之前的追逐只不过是出于虚荣心。成功和失败一样，都会带来心烦意乱。”

独处带来的另一个好处是有更多的沉思。无论领导者做得多么好，都有可能会出现让人失望的结果：伤亡、裁员和财政紧缩。富有成效的独处可以让领导者仔细考虑作为领导者需要面对的这些现实，并由此重新调整自己应对已经发生和将来可能发生的情况。（莫扎特的 d 小调第二十钢琴协奏曲当中也表现了这一过程，从第一乐章的黑暗逆境到第二乐章的壮美明亮。）这一过程在于接受失去是人生中难以避免的一部分。只有接受这一点之后，领导者才可以重新前行。

马蒂斯将军认为独处对于接受领导地位所可能面临的后果非常重要。每次战斗的后果无疑是最为严重的。“暴力对于人的道德面貌有着方方面面的影响。战斗是一种非常原始的经历，可以让我们进入一种逃离不掉的情感状态。这种情感状态并不一定是坏事。有一种经历叫作‘创伤后成长’，指的是从战斗经历走出来可以变得更为平静，更为文雅，更为乐观，对生活的方方面面都发自内心地充满感激。”

创伤后成长并不仅限于战斗经历，而且独处可以促进这一过程，因为它可以帮助领导者顺利渡过情感的风浪，最终到达平静的彼岸。马蒂斯将军说：“独处可以起到精神和情感方面的双重效果。在独处时，我们可以沉思，可以将我们被要求做的事，那些机械的行为与我们的人性相协调。这样就可以用更为平衡的方式去执行任务。”

本书的作者之一迈克尔·欧文于 2009 年从战场返回美国之后，也遭遇了感情上的危机。在那之前的 2004 年，他在从西点军校毕业两年后曾被派往战场。迈克尔曾是一名情报官，从 2006 年开始，迈克尔走马上任，指挥一个有 25 名成员的情报小组，每天带着强烈的目标感工作 18 个小时。对该地区进行了一次大规模的突然袭击，并直接把行动报告汇报给了负责该地区的两星上将。这次突然袭击代号为“攻城机行动”，于 2009 年 5 月实施。美军在这次行动中缴获了大量的武器弹药，以及在黑市价值数亿美元的毒品。“这次行动打了恐怖组织一个措手不及，为海军陆战队争取了喘息的时间，减少了海军陆战队的伤亡。”

但到了 6 月，迈克尔却接到了让他返回美国到密歇根大学研究生院学习的命令。学业完成后的 3 年内还要在西点军校教授领导力课程。就这样，在之前的 5 年内迈克尔一直在外派或是在准备外派，而之后的 5 年他即将一直待在美国国内了。

这一改变让迈克尔感到了深深的迷茫。“在短短的 24 小时之内，我就从交战区回到了国内北卡罗来纳州布拉格堡的家中。我完全没有时间来对这次改变进行消化。”在接下来的一个月中，他和妻子吉纳维芙（Genevieve）搬到了密歇根州的安娜堡市，当时他的妹妹和妹夫乔尼·阿尔戈也在那里。乔尼也是西点军校出身。除了妹妹和妹夫之外，迈克尔在安娜堡再也没有认识的人。月底他作为新生参加了密歇根大学心理学硕士的迎新活动。“我当时觉得自己犯了一个天大的错误。其他的学生大多都是 23 到 25 岁的年轻人，他们的人生经历和我天差地别。别人将学习的都是关于睡眠、两性关系等，而我学习的却是积极心理学和创伤后成长。我感觉自己像是来自另外一个星球的人。”

迈克尔很快就发现自己的情绪日渐消沉，内心因为战友们在战斗而自己却在大学校园而充满负罪感。“从8月到10月，美军在阿富汗的日子特别难过。美军在坎大哈省的阵亡数字高得吓人，而且大多数是死于路边炸弹袭击。”迈克尔对美军的伤亡感到十分焦躁不安，因为那年春天他已经尽自己所能向新来的军队高层们提醒路边炸弹的危险性。“我曾当面义正词严地警告他们说：‘这里可不是伊拉克。千万不要在坎大哈省驾车行进！在那里必须下车步行。’”

为了缓解自己内心的痛苦，迈克尔尽自己所能在安娜堡为美军的行动出力。几个月之前，戴维·彼得雷乌斯将军曾给他写过一封电子邮件，里面提到自己听说迈克尔接到了回国学习的命令，还表示迈克尔“对战场南部和西部的行动指挥得当”。在结尾的时候，彼得雷乌斯将军说道：“我们不妨尝试一下，如果你有时间的话可以继续参与到美军的行动当中。”迈克尔将自己的精力投入到了这些行动当中，起早贪黑地阅读恐怖组织的各种报告，向良师益友发送成百上千的电子邮件。

2010 年 1 月，迈克尔有了一个想法，那就是联合自己的军人朋友参加明尼苏达州双城马拉松赛来为一家非常著名的退伍军人组织筹集资金。双城马拉松赛定于当年的 10 月 3 日举行。迈克尔从全美联系上了约 60 名朋友和战友来参加。然而令迈克尔大失所望的是，这家退伍军人组织拒绝为参加活动的这些退伍军人购买机票，虽然这些退伍军人也是接受他们资助的对象。迈克尔那时就开始考虑成立自己的非营利性组织来帮助退伍军人。

在那段时间里，迈克尔开始坚持每天在自己住的小镇附近长跑。迈克尔住的街区外就是农村的田野，每天他都会从自己的小区出发，右转沿着土路一直跑，穿过一条小溪上的小桥之后再沿着两旁玉米地跑出去几英里。在那里，除了偶尔的过往车辆，完全是一片寂静。在这片寂静里，迈克尔将自己过往的纷纷扰扰抛之脑后——那些电子邮件、短信和脸书的帖子也都统统暂时放下。

刚开始的时候，迈克尔长跑只是为了准备双城马拉松，但后来长跑有了更多的意义。迈克尔说："跑步比心理治疗便宜多了。我在跑步的过程当中进行了大量的自我对话。在实际情况当中，在一直接收外界和他人信息的时候，是不可能实现这样的自我对话的。"他想通了，"在接下来的五年当中，我知道自己将会听到战友和认识的人在战场阵亡或者负伤的消息。我自己又不能重返战场去尽自己的努力改变这样的事实。这是不可能的。所以不如不去想那些我在那里才能做到的事。我应当考虑的是在这里可以帮到什么忙"。

在接下来的几周当中，在玉米地间的小路上长跑的数十个小时里，迈克尔一点一点地充实着关于成立自己的帮助退伍军人的非营利组织的想法。"我们可以把注意力放在马拉松和三项全能运动上，通过这样的方式为回国的退伍军人筹集资金，然后将资金用于与这些退伍军人建立联系。"怀揣着这样一个简单的想法，迈克尔在2010年3月23日向美国国税局递交了自己非营利组织的成立文件，将自己的组织命名为"红白蓝团队"。

然而，还有更多的情感波折在等待着迈克尔。刚开始的时候他的苦恼还仅仅是作为一名非营利组织的创办者所需要面临的自责和困惑："成立自己的非营利组织，我是不是疯了？"他也遇到了新成立组织往往需要面对的困难。"任何的非营利组织刚成立的一年中，当你试图筹措资金的时候，别人都会对你说：‘这和你有什么关系？没人知道你是谁。这事已经有其他人在做了。’”但和迈克尔在 2010 年 4 月感受到的挫折相比，这些都是小巫见大巫。“我试图将自己留在国内的现实合理化所做出的努力全都付诸东流了。我自己在想：‘我能不能申请休学一年，然后也奔赴战场呢？’但是我知道自己不能这样做。我接到的命令是留在国内，而且我的妻子又刚刚生下了我们的第一个孩子。”

6 月发生的一件事最终导致迈克尔的情感像火山一样爆发。在安娜堡本地的一家网站上，迈克尔看到了一则新闻：来自隔壁小镇的美军空降救援队上尉乔尔·根茨于 6 月 10 日在阿富汗赫尔曼德省的一次行动中牺牲。那时迈克尔的军衔也是上尉。“我虽然从来没见过乔尔，但是却认识很多很多像他一样的人。我目睹了空降救援队为美国陆军特种部队队员冒了多大的风险。”来自于几乎是同一个镇上的同样军衔的年轻人，就这样死在了迈克尔再熟悉不过的地方，而迈克尔自己却在学校学习，这一现实把迈克尔推到了罪恶感的深渊。

在乔尔的追悼会那天，迈克尔穿上了美国陆军的绿军装，驾车驶向了旁边的绿湖镇。到了追悼会现场，他穿着自己的毛料制服、顶着炎炎烈日，满身大汗地站在来客的队伍当中，等着向乔尔的父母致以自己的敬意。“等轮到我上前与他们谈话的时候，时间仿佛都凝固了。我向他们坦白自己并不认识乔尔，但是对他的牺牲感到很难过。”

在开车回家的路上，迈克尔再也抑制不住自己的感情，放声痛哭起来。一回到家，迈克尔就换上鞋出门长跑。“我与其说是在思考，倒不如说是在感受。但是有一个念头在我心里越来越坚定，那就是要让红白蓝团队成为一个可以真正帮助平安回国的退伍军人的非营利组织。”

正如宣泄可以起到净化心情的作用，升华可以将感情上升到积极的层面。那时的迈克尔正在经历心理学当中的升华作用，在跑步当中疯狂地思考如何才能让红白蓝团队步入正轨。他还决定红白蓝团队应当为乔尔举办一次仪式，而且要在密歇根州举办，这样乔尔的家人就可以参加。然而，迈克尔的愈合过程并非一帆风顺。2010 年 8 月，迈克尔从一封电子邮件当中得知自己最坏的设想成了现实：上次和他一起并肩作战的两位最亲密的战友——军士长戴夫·史密斯和上士马克·霍尔伯特——在赫尔曼德省驾车遭遇了路边炸弹袭击。在爆炸当中，戴夫失去了一条胳膊，马克的双腿被炸飞了，正挣扎在死亡线的边缘，虽然活下来的希望很大。

内疚和悲伤成了迈克尔在 2010 年夏天的主旋律。但是他还是在升华的帮助下逐渐痊愈。在上千个小时的跑步当中，他身边经过的玉米地从上一年留下的玉米秆变成了新栽下的玉米苗，又变成了随风摆动的郁郁葱葱的玉米林。迈克尔的感情也随着玉米地的变化逐渐变得积极。既然他不能在战友们在阿富汗战斗时帮助他们，那么等到他们回家的时候，他一定要尽力相助。终于，迈克尔的内心恢复了平静。在一次跑步的时候他自思自忖："为了那些在我之后前往战场的战友们，我已经把能做的都做到了。我尽到了自己的职责。"

红白蓝团队的首次亮相就是10月3日举行的双城马拉松赛。成百上千的支持者从全美各地赶来支持他们。10月15日，迈克尔又参加了为纪念乔尔·根茨举办的超级马拉松赛，参赛者轮流高举着美国国旗从密歇根州的庞蒂亚克一直跑到了底特律市中心。从过去的15个月的漫长情感创伤当中，迈克尔收获了自己的成长，还寻找到了帮助数万名战友和朋友的机会。现在，红白蓝团队已经有约14万名成员，在美国各地有200多家分会。

迈克尔说："外人都会告诉你为什么应当对自己的行为感觉好一点。但是，真正做到这一点只有靠自己。"

第七章　接受真实的自己

“难得的战机已经丧失，为此，我感到无可比拟的悲恸。”

——亚伯拉罕·林肯，1863 年 7 月 14 日

过激的感情，意即超越了领导者控制范围的感情，必须得到宣泄。领导者或许可以暂时克制这种感情，但是，以为自己可以永远抑制住这种过激感情的领导者只不过是在欺骗自己。最终，这种感情会扭曲领导者的判断，让他整个人陷入瘫痪，正如胡克将军。

出色的领导者应当对自己诚实，承认自己过激的感情并用妥当的方式来驱散它。当然了，领导者应当慎重选择公开发泄自己的感情：在面临危机的时候，下属可能也会很紧张不安，如果看到自己的领导者也流露出恐惧的感情，他们自己的恐惧就会加倍。或者他们将会因为自己领导者看起来被现实打败而失去对他的信心。那么应当怎么消除这种情绪呢？

不妨向历史上那些成功从危机当中走出来的领导者学习：选择一个合适的地方，私下里解开自己感情的缰绳。在这样的情况下，富有成效的独处就是肯承认自己局限的领导者的减压阀。

在这样的情况当中，富有成效的独处起到的作用并不是就领导者而言。在领导岗位上，就像生活的其他方面一样，有时我们对某件事的焦虑与这件事本身并不相称。当我们在离困难过近的位置看待它的时候，困难往往会比实际上显得更为严峻，更为势不可挡。如此这般，领导者也好，其他人也罢，都不能透过困难的表象看本质。

当困难占据了我们视野时，不妨改变一下自己的视角。富有成效的独处可以帮领导者实现这一改变。只有从身边的喧嚣中解脱出来，领导者方可跳出当前的处境，从更大的背景当中看待现有的问题——同时也看清自身的局限。在理性层次上做到将复杂的问题简单化，同时也可以在感性方面起到同样的效果。只有这样，领导者才能将自己的注意力从恐惧和指责当中转移出来，而专心于正面领导行为：行动、目标以及准备实现目标的计划。这里正好呼应了本书引言的第一句话：要想领导别人，首先要领导你自己。在严峻的危机当中成功控制住自己情绪平衡的领导者就是因为做到了这一点。

1863 年 7 月 14 日，联邦军的葛底斯堡战役大捷刚刚过去 11 天，格兰特将军关键性地攻克维克斯堡的 10 天后，亚伯拉罕·林肯就经历了很可能是他在美国内战期间作为军队统帅最为痛心的失败。在葛底斯堡战场上，罗伯特·李将军的部队第一次被迫撤退，他所率领的北弗吉尼亚军团在战斗中减员将近 2.3 万人。当时，罗伯特·李将军到了最为脆弱的时候。7 月 3 日傍晚，在葛底斯堡战役的最后决战——皮科特战役——以惨败收场的几个小时后，罗伯特·李将军的残部向南行进，到了被敌人控制的地盘，当时部队还没从失败的惨痛当中走出来，没有增援部队，连支撑一场持续战斗的弹药都没有。

联邦军的指挥官乔治·米德（George Meade）率领着虽然筋疲力尽，但却在人数上占据优势的部队紧随其后。罗伯特·李将军的目标是马里兰省威廉斯波特市由联盟军控制的一座浮桥，并打算经由这座浮桥渡过波托马克河，到达弗吉尼亚州的安全地带。但是，在罗伯特·李将军的部队到达之前，联邦军的骑兵部队早已将浮桥破坏。真是屋漏偏逢连夜雨，一场夏雨又持续下了将近 10 天。等到了罗伯特·李将军的部队赶到波托马克河边的时候，渡河已经是不可能的了。就连水势最浅的地方都已经涌动着浑浊的激流。在一个多星期的时间里，罗伯特·李将军和他精疲力竭的部队被困在那里，动弹不得。

林肯立即意识到了摆在眼前的宝贵机会。米德的军队在河边对罗伯特·李将军的部队呈半圆形包围态势。格兰特将军刚刚在西部战场上俘虏了联盟军的一支成建制军队，足足 3

万多人。如果在东线战场上击溃罗伯特·李将军的部队，就可以一举结束这场战争。对于林肯来说，如何把握住这次机会一定让他饱受折磨。与美国其他战时总统相比，不管是之前还是之后的，林肯的内心深处一直更为介怀战争造成的人员伤亡。在这方面他没有一丝丝的抵抗能力。多丽丝·卡恩斯·古德温指出，林肯“具有无与伦比的同情心，这既是一种天分，也是一种诅咒。他总是将自己放在别人的立场，感受他们的感受，理解他们的动机和欲望”。

她还接着指出，“林肯的心不是一般地柔软。他有次走路的时候刻意停下来，并往回走了半英里，只是为了解救出一头陷入泥沼的猪。他这么做并不是说他有多么喜欢这头猪”，而是为了“解除自己内心的痛苦”。然而，在两年多的时间里，林肯不得不承受数十万将士伤亡的惨痛，体会这些将士留在身后的父母妻儿的苦楚。这一切都是由林肯坚持要进行的一场战争所造成的。此时此刻，当罗伯特·李将军受困的时候，林肯看到了一个天赐的良机，将使整个国家的苦难，以及他自己的痛苦一举结束。

但是米德犹豫了。当林肯读到米德在葛底斯堡发给自己部队的贺令时，他的焦虑愈发糟糕。米德的贺令中说道：“我们的任务还没有结束，作为主将，我希望我们付出更大的努力，将每一名入侵者从我们的土地上赶出去。”看到这里，林肯气得大喊：“将入侵者从我们的土地上赶出去！我的天啊！

这就算完了吗？”（林肯对“我们的土地”这一说法也大为光火。林肯曾对自己的个人秘书约翰·海伊说：“我们的将军什么时候才能放下这种小家子气？整个国家都是我们的土地。”）林肯试图让米德抓住眼前的机会：通过一位中间人，林肯电报告知米德，如果他能“摧毁或者大部摧毁罗伯特·李将军的部队，南方的叛乱就会结束”。

然而，在几天的时间里，米德没有采取任何行动，而是不断发报抱怨泥泞的土地、将士们的筋疲力尽以及罗伯特·李将军的强大防御。在此期间，据美国战争部的电报员描述，林肯“焦虑得和真正打仗时一样”。他“踱来踱去，面色既严肃又焦急，不安地绞扭双手，全身上下都散发着焦虑的气息”。林肯很快想出另一个办法，给米德下了一份密令（没有证据表明该密令的存在，但林肯的大儿子罗伯特·托德·林肯声称确有其事），上面写道：“请务必在罗伯特·李将军渡河之前追上他并发起攻击。如果你失败了，这份密令可以免除你的责任。如果你胜利了，你也可以将这份密令销毁。失败，你的责任我来扛；成功，你的功劳我不会抢。”

7 月 11 日，林肯的情绪看起来好了一些。海伊在日记中写道：“总统今天看起来情绪很不错，因为他收到的可靠消息显示敌军仍然滞留在波托马克河的北岸，而且米德当天上午宣布打算发起进攻。”可是 12 日过去了，米德并没有发起进攻，13 日也没有。到了 14 日的早上，米德的部队终于向前开进，准备决战——可是罗伯特·李将军的部队几个小时前刚刚渡过了河。

据各方面所说，此事对林肯的打击是毁灭性的。海伊当天写道："总统悲痛万分。"林肯对海军部长吉迪恩·威尔斯说道："这意味着什么，威尔斯先生？我的天啊！这意味着什么？"威尔斯在当天的日记中还写道："总统如此烦恼沮丧、垂头丧气，我仅见过一两次。"就连林肯的财政部长萨蒙·蔡斯——他在 1864 年不断地玩弄阴谋，试图自己登上总统宝座，因此很可能是史上最为人所不齿的内阁大臣——也在第二天写道："我是第一次见到林肯如此伤心和愤怒。"

然而仅仅五天过后，在 7 月 19 日，海伊就在日记中写道："巨头（即林肯）的心情不错。"实际上，林肯的心情确实不错，那天早上还写了一首欢快的打油诗，讲述罗伯特·李将军如何"逃"回了弗吉尼亚州。那么问题就来了：林肯刚刚遭遇了如此重大的挫折，他怎么这么快就恢复了自己的情绪平衡？

我们不知道林肯在这五天当中每个小时都做了什么。但可以确信的是，林肯在此期间做了两件事情，这两件事情都有情感宣泄，而且都是私下进行的。第一件事，林肯回到自己的卧室哭了一场。14 日的晚些时候，罗伯特·托德·林肯去了林肯的房间，发现自己的父亲"上身趴在桌子上，头枕着胳膊，眼泪在不断地流淌"。

第二件事，林肯给米德写了一封信。信的开头还是温和的语气："我对你在葛底斯堡战役当中取得的巨大胜利表示非常非常的感激。现在，我很抱歉给你写下这样一封可能会给你带来一丝苦恼的信。"两句话过后，林肯在过去 10 天里的懊恼跃然纸上：

自葛底斯堡战役过后，我几乎一直在烦恼，你和库奇将军以及史密斯将军确实看起来并没有寻求与敌人交战，反而在试图帮助他们不放一枪一炮地过河而去……概言之，情况如下：你和敌人在葛底斯堡大战并取胜；诚然，最起码他的损失不会比你的小。他撤退了，而在我看来你并没有顽强地追击，在你缓慢地赶到之前，河里的洪水一直阻拦着他。你的手下至少有 2 万名身经百战的将士，支援距离之内还有不少于此的生力军，这还不包括和你一起在葛底斯堡战斗的将士们。而你的对手却毫无可能得到一兵一卒的增援。然而，当洪水逐渐退却的时候，当敌人为渡河架桥的时候，甚至当敌人轻而易举地离开时，你却岿然不动，未开一枪一炮。

在下一段中，林肯描述了这次错失掉的机会以及自己的感受：

如前所说，我亲爱的将军，眼下罗伯特·李已经逃之夭夭。我想你并没有认识到由此而给我们所带来的后果有多么严重。

他曾是一只瓮中之鳖，要是我们当初伸手将他抓获，配合我们近来节节取得的胜利，这场战争本可结束了。而如今却还得没完没了地打下去。……难得的战机已经丧失，为此，我感到无可比拟的悲恸。

换作是任何一位心怀不忿的上级，都会将这封信封缄然后立马送至那位给自己带来如此巨大苦恼的下属手里。但是林肯只是将这封信收了起来，在信封上写着“从未寄出或署名”。他写这封信的目的，并不是与米德沟通。想必他提笔写这封信的时候就知道自己不会把它寄出去，就像哭泣时躲在自己房间而不想让其他人看到一样。

多丽丝·卡恩斯·古德温还说道，结合林肯在一次较小危机中的表现，“林肯在如此困难条件下恢复自己的情绪平衡的能力来源于他敏锐的自我意识以及运用建设性的方式来排忧解愁的强大能力”。自我意识是通过自省获得的宝贵财富。林肯就是基于自我意识，选择了在自己房间独处以及后来写下一封自己知道永远不会寄出去的信。如此，他至少有两方面的收获。一方面，释放了他在得知罗伯特·李逃脱时的澎湃情绪。在那种强烈的情感冲击下，林肯失去了自己的情绪平衡，换作是任何人都会如此，此时的他并不能很好履行自己领导人的职责。

如果林肯当天仍然坚持时刻留在自己岗位上的话，那才是愚蠢的决定。可惜许多自省能力差、总是认为自己不可或缺的领导者都会选择留在岗位上。林肯的智慧在于他从当天的事情当中抽身而出，让自己的感情可以在自己卧室中得到释放。在后来给米德写下那封没寄出去的信的时候，他继续发泄自己的懊恼。做完这些后，林肯已经可以控制自己的情绪，而不再被自己的情绪所左右了。

另一方面，随着林肯情绪恢复平衡，同时恢复的还有他的思维。刚得知罗伯特·李逃脱的消息时，林肯觉得面前的挫折比山高比海深："这意味着什么，威尔斯先生？我的天啊！这意味着什么？"然而，在给米德写信的过程当中，林肯对这个挫折意味着什么逐渐有了清晰的认识。在独处的时候，林肯通过写信把挫折讲得清晰明了，但这并不是写给米德看的——米德从来没见到这封信——而是写给林肯自己的。"由此而给我们所带来的后果有多么严重"：战争不可能在近期结束，而是"还得没完没了地打下去"。这一后果确实非常不幸，尤其是对于林肯这样一位对战争伤亡非常敏感的总统。

不过，在信的结尾，林肯的思维回到了正轨。他说战争"还得没完没了地打下去"，但是并没有说可能会"输"。再回想两个星期之前，联邦政府输掉这场战争的可能性还不小。葛底斯堡战役和维克斯堡战役的胜利，已经大大提高了联邦政府的胜算。林肯从当前挫折的影响中走了出来，冷静地加以分析，并且去除了夸大的成分。如此这般，林肯将眼前的挫折放在了更大的背景当中，并由此恢复了自己冷静的思维。思维一旦恢复，情绪也就平衡了。

从困境中脱身之后，林肯只需要继续做自己在战争开始就一直在做的事情就可以了。四个月后，林肯在他最为著名的葛底斯堡演说当中讲道："要使这个国家在上帝保佑下得到新生——要使这个民有、民治、民享的政府永世长存。"

当罗伯特·李逃脱的时候，林肯对错过该时机确实感到万分惋惜。但是，他很快就恢复了对自己部队的宽宏大量。没过几天，林肯就意识到，米德当时也同样面临着困难——他的部队，和罗伯特·李的部队一样，刚刚结束了一场极其艰难的战斗。而且米德所面临的困难比林肯在7月14号之前所以为的要大得多。（当天赐良机摆在眼前的时候，林肯对可能存在的困难估计不足。）7月21日，林肯给另一位将军寄了封信，而且他知道这位将军一定会把这封信交到米德手上。在信里，林肯较为沉着地表达了对罗伯特·李逃脱的失望，并且说道："我对你们所做的一切深怀感激之心，对你们没有做到的毫无批评之意。"在信的结尾，他像往常一样不吝赞美之词："我对米德将军充满信任，他是一位勇猛善战的将军，一位真正的男子汉。"

到了8月初，林肯已经完全恢复了正常状态。海伊在8月7日写道："我很少见到他像现在这样平静、繁忙。总统的状态很好。"

第八章　内心平静

“内心平静的指挥官在战场上才更为强大。”

——詹姆斯·马蒂斯将军

在风暴过后收拾残局是一回事，在风暴正在肆虐、后果尚未可知时奋力前行又是另外一回事。在危机时掌控全局与在危机过后收拾残局所面临的挑战不尽相同。在危机时，领导者首先要面对的并不是已经发生的苦恼，而是可能发生的恐惧。除了自己的恐惧，领导者还要面对身边人和下属的恐惧。有些下属还会在忙中添乱，为领导者徒增烦恼。当危机愈演愈烈的时候，领导者会清晰地感受到冲击和震动。而当领导者在危机当中摸索前进的时候，身上的责任比其他任何时候都要沉重。

越是这样的时刻，领导者越会感到孤单，但又越难获得独处的时间。海上航行遭遇狂风的时候，领导者不能躲在船舱里享受些许的安宁，而要在驾驶室掌舵。领导者应当努力保持一定的超然，既不能被身边人的情绪感染，也不能受危机影响，而是得沉着冷静地观察思考。而且，领导者的注意力应当专注在需要做出的决定上，而不是去考虑如果决定错误将会带来什么样的后果。这种超然和专注可以让领导者尽量在危机当中保持独立，并且能抵抗身边人情绪波动的影响。此时此刻的领导者，必须从自己的内心汲取力量。

所有的危机都有结束的时刻。在危机当中保持住自己情绪平衡的领导者也会为自己的临危不乱付出代价。所有的力量都已经用在了危机当中，领导者现在面临着危机时所积攒下来的亟待排解的压力。在这些没有排解的压力下，领导者首先想到的就是不愿再有这样的经历。这是一种健康的情绪，因为危机应当尽可能地避免。但是应对危机也是领导者责任的一部分，如果领导者一直试图躲避危机，反而可能会影响自己的判断力。因此，领导者必须将之前积累的压力释放掉，也就是说必须寻找独处的机会。

1864 年 5 月，莽原战役期间的格兰特就是这样利用独处的。这是格兰特第一次指挥波托马克军团与罗伯特·李将军的部队交战。从许多角度来看，格兰特面临的战况并不比胡克在前一年的战事要好一些，但是，与胡克通过装腔作势来释放情绪相比，格兰特则是寻求独处。最终，格兰特保持了自己的情绪平衡。

就连禁欲主义的斯多葛学派哲学家也有自己情感的极限。据各方面所说，尤利西斯·格兰特——他在 1864 年 3 月刚被擢升为联邦军的陆军总司令——是一位含蓄的领导者。有人曾写道，格兰特“在自己手下面前尽量少说少做”。还有人打趣道，格兰特“可以用好几种语言沉默”。格兰特的军事秘书亚当·巴多曾将格兰特与谢尔曼进行过对比：“格兰特要冷静 100 倍。格兰特脸上的表情总是特别冷静，让人难以捉摸。”这一对比当中的谢尔曼可以换成其他许多将军。

联邦军的一名士兵在维克斯堡战役期间写道：“格兰特将军和麦克勒兰德截然不同，他不会像麦克勒兰德那样借手下的烟来点烟，也不会打听队列最整齐的那个连属于哪个团……格兰特将军没有那些废话，没有那么多感情，他就像一个普通的商人一样，眼里只有一个目标：在最短的时间内让自己的部队过河。”格兰特的外表也非常务实，他经常穿着普通士兵的军装，扣子也不系，旧的骑兵裤扎在满是泥泞的军靴里面。

一名维克斯堡战役期间在格兰特手下工作的医生写道，格兰特“非常平易近人”，而且当新兵看到格兰特的时候都不敢相信这就是他们的指挥官。在莽原战役的一次间歇，当格兰特在指挥部外面的土路上散步时，一个牧牛人赶着自己的牛群从对面走来。其中一头牛离开了牛群向格兰特走来，牧牛人看到后喊道：“哎，陌生人，帮我拦下那家伙，行吗？”

身为陆军总司令的格兰特将军面色不改地上前两步，挥起手冲那头牛大喊，把牛赶回了牛群。然后格兰特像什么都没发生一样接着散步。

然而，格兰特的言谈举止虽然普通，内心的激烈程度却极不平凡。谢尔曼写道，格兰特“能记住最微小的细节，看得到所有的方面”。一名士兵说格兰特“了解手下的每一个团，甚至是每门大炮”。格兰特骑马从行军队伍旁经过，看起来像是一名无关紧要的观察员，但是他能看到并注意到所有的细节。格兰特的秘书巴多写道：“当战斗打响的时候，他就像醒来的狮身人面像一样。这时候他看起来还是那么镇静，但是他的语速飞快，思维敏捷，决策果断，所言即是命令。他整个人都变得非常兴奋，仿佛热血都沸腾了。”

即使在独处时，格兰特也表现得很兴奋。在维克斯堡战役期间，格兰特曾一直被一个无法解决的难题所困扰：约 3.5 万人的联盟军占据着密西西比河边峭壁上的一座城堡，并且用强大的火力向下封锁了河面。只要城堡还在南方叛军手里，密西西比河就将一直被分割为两半，北方来的船只就不能抵达联邦军在 1862 年刚刚攻下的新奥尔良。格兰特的任务从 1862 年底就开始了，那就是攻下这座城堡，打通河运的通道。

1863 年 3 月之前，格兰特指挥 4.7 万人的部队已经尝试了 7 种不同的作战计划：开凿运河、派遣满载人员的船只越过沼泽地沿支流而上等等。他所做的一切就是想办法让自己的部队从河的西边开进到东边，然后就可以从城堡后方的陆地上发起进攻。可是，每个计划都以失败告终。到了这般境地，格兰特就像其他吃了败仗的联邦将军一样，面临着华盛顿政府以及媒体要他下台的呼声。

然后，格兰特把自己关在指挥舰“马格诺利娅号”上原来的女士船舱里，试图仅凭自己想出新的作战方案。在那个船舱里，格兰特每个夜晚都要在自己的桃花心木办公桌旁独处好几个小时。他凝视着地图，一支接一支地抽雪茄，“全神贯注，对外界的事情毫不理会”。格兰特全神贯注到了什么程度呢？他从旁边桌子拿文件或是地图的时候甚至都懒得起身。在此期间，格兰特从未和任何人讨论过自己的想法。

最终，一天深夜，格兰特最为得力的一名助理詹姆斯·迈克弗森（James McPherson）在格兰特烟雾缭绕的房间里对他坦白地说道：“将军，这样下去可不行。您这是在伤害自己的身体。您应该和我们喝几杯酒，暂时抛却心头的烦恼。”格兰特抬起头，说威士忌并不能解决问题。格兰特说，如果迈克弗森想帮忙的话，可以“给他送来一打雪茄，然后就让他一个人待着”。

最终，格兰特提出了一份计划，但是这份计划实在是太过冒险，他身边几乎所有的助理都奉劝他不要这么做。联邦军的装甲舰——上面包着厚厚的装甲，载着威力巨大的舰炮——已经试图强行闯过维克斯堡的炮火封锁，结果却狼狈收场。现在格兰特提出再试一次，不过这次是晚上。但是河的对岸满是联盟军的哨兵，一旦发现情况，他们就会把整堆整堆的干稻草点燃，将晚上的河边照亮得像白昼一样。

更有甚者，格兰特还打算出动所有的装甲舰，以及所有的运输船。要知道，运输船的防护非常薄弱，一发炮弹就能轻易地将其打穿。与此同时，格兰特的陆军将向南在泥泞的沼泽地里行军 40 英里抵达新迦太基，在那里乘船渡河，然后打到河东岸的陆地上。然后，格兰特的军队还要转头向北，朝着维克斯堡方向行军，沿途没有任何能够提供补给的地方，只能想办法就地解决。历史上没有任何如此大规模的部队采取这样的行动。在整个行动期间，格兰特还将面对数量未知，甚至可能和自己部队数量相当的敌人。而且敌人既有内线作战的补给线，又有百姓的支持，格兰特部队的一举一动都将被敌人了若指掌。

谢尔曼更是将格兰特的计划看作是“本场战争乃至所有战争当中最为铤而走险，乃至毫无希望的行动之一”。确实，谢尔曼认为这项作战计划简直一点都不符合军事常识，与所有的作战理念相悖。4 月 16 日，就在装甲舰队动身之前，谢尔曼给自己的妻子写了一封信，信中写道：“我对这场行动的结果感到不寒而栗。”装甲舰队的指挥官戴维 · 波特（David Porter）虽然勇于做这样的尝试，但他也表示这已经是孤注一掷的尝试了。他对格兰特说，如果装甲舰遭受到敌人的炮击，

"我们没有希望"再把它们开回来。

然而，尽管该项计划如此冒险，尽管它不符合西点军校的许多作战原则，但是付诸实施后，该计划成为美国内战期间交战双方所有的军事行动中最为绝妙的一次计划。最终维克斯堡在7月4日被联邦军攻占，巩固了格兰特作为联邦军首屈一指的将军的地位，更重要的是，也巩固了他在林肯心目中的地位。格兰特的作战计划是充满想象力的天才之作，尽管不符合当时的传统观念。就这点而言，格兰特的创造性和50年后的托马斯·爱德华·劳伦斯有着异曲同工之处，后者提出大起义的概念时同样不为当时人们所接受。尽管两人都利用了独处的时间来实现自己的目标，但是他们的方式却有些许的不同。

劳伦斯像又在他之后50年的简·古多尔一样，运用独处的时间来找回自己的直觉，在几个月的时间里，在他的意识深处慢慢渗透的深刻见解终于在帐篷里的宁静当中浮出脑海。（看来帐篷是个对提升直觉有帮助的地方，古多尔也在帐篷里住过。）反观格兰特，他的独处时间是用来进行艰辛的分析工作，先是有一个思考数月的大致想法——"我认为我们的部队只有兵临城下，才能有用武之地"——然后就是通过研究文件和地图细节将大致的想法变得具体（同时也更为激进）。但是两人实现创造性突破的关键却是一致的：在独处的时候，他们都看到了自己之前的想法哪些地方是被常规思维所引导的，然后再由此进行突破。

第二年的春天，格兰特更是将独处运用到了战斗期间，这次是为了维持自己的情绪平衡。当时的格兰特身为联邦军的陆军总司令，总部却设在当年与波托马克军团交战的战场上，因此是战场上联邦军的实际指挥官。1864 年 5 月 4 日，格兰特准备重走一遍在一年前让罗伯特·李将军取得个人最为辉煌胜利的那一条路。1863 年 5 月，约瑟夫·胡克指挥着格兰特此时指挥的军队，在弗吉尼亚州钱斯勒斯维尔附近渡过拉帕汉诺克河，直捣罗伯特·李的后方。人送绰号“好战的乔”的胡克身上有许多与格兰特截然相反的特点：金色的头发，风度翩翩、自负满满，而且还总是夸下海口。

胡克当上指挥官两天后，林肯就给他写信责备他夸下的海口。然而，一接触到罗伯特·李的部队，胡克夸海口的劲头就烟消云散了。胡克发起的第一次攻击打了罗伯特·李在弗吉尼亚州北部的部队一个措手不及。当时罗伯特·李的兵力分成了两部分，其间隔着将近 16 英里。但是罗伯特·李还是坚持到把部队合在了一起，接着“石墙”托马斯·杰克逊对胡克的军队发起了突袭，席卷了胡克的右翼。对于罗伯特·李来说，这或许称得上是他军事生涯最为光辉的一页。胡克则被战场上的混乱状态吓呆了，在作为指挥总部的钱斯勒斯维尔庄园里眼睛直勾勾地盯着白色的柱子发呆，任凭联盟军的炮弹从头顶呼啸而过。

最终，胡克的部队灰头土脸地向北撤退。这两支部队直到葛底斯堡战役才再次相遇，只不过这时，胡克早已不是联邦军的指挥官了。

现在格兰特正在沿着同样的路线接近同样的对手。一年之前，正是在这片战场上，胡克彻底地丧失了自己的勇气。1864年5月4日中午，格兰特率部队渡过了拉皮丹河（Rapidan River）。与胡克一样，在此之前格兰特从未与罗伯特·李交手过。格兰特的部队有约11万之众，罗伯特·李的部队则是6.5万。渡过拉皮丹河之后，格兰特的部队需要经过一片树林茂密、灌木丛生的莽原，而且罗伯特·李对这片地形特别熟悉。不仅如此，在茂密的森林里，格兰特掌握自己部队举动的能力也将大打折扣。因此，格兰特打算在5月4日带领部队快速通过莽原，以期在较为开阔的地方与罗伯特·李的部队交战。

然而该计划并没有实现。格兰特的部队是顺着日耳曼纳福特（Germanna Ford）路向东南方穿越莽原。当部队抵达森林的正中心时，发现南方叛军正沿着奥林奇公路（Orange Turnpike）由西南向东北朝日耳曼纳福特路赶来。这两条路的交汇点在莽原酒馆（Wilderness Tavern），经过前一年战火的洗礼，现在这家酒馆已经是荒废不堪，摇摇欲坠。（“石墙”杰克逊被截下来的胳膊就埋在这里。）此时的格兰特可以让部队继续前进，这样就可以使部队经过莽原。但这样，跟在队伍后面的长长的补给车辆队伍将难免遭受联盟军的袭击。

于是，格兰特传令当天下午暂停行军，让后面的补给车辆赶上来。

当天晚上，格兰特睡得很踏实，但是他手底下的许多将士则是在提心吊胆当中度过的，尤其是那些参加了前一年战斗的将士们。在黑暗的森林里，他们感觉到“一种难以摆脱的不祥恐惧”。随处可见人的头骨，以及“因为去年冬天的雨水的冲刷，而从浅浅的坟墓中露出来的穿着腐烂军装的骷髅”，这些更是加重了将士们的恐惧心理。

格兰特认为，罗伯特·李可能会将大部队布置到莽原西边原先的防御工事里，这些防御工事就像那些浅浅的墓坑一样，都是一年前就已经准备好了的。然而，第二天拂晓，格兰特手下的士兵惊奇地发现，迪克·尤厄尔（Dick Ewell）指挥的联盟军第二军团正沿着奥林奇公路两侧掘壕待战。离这最近的是格兰特的第五军团，由高佛勒·沃伦（Gouverneur K. Warren）指挥。格兰特的反应咄咄逼人，下令：“一旦出现任何猛攻罗伯特·李部队的机会，不要犹豫，立即进攻，不要给敌人部署的时间。”

上午 10 点，格兰特骑马赶到前线，当时双方的局势已经逐渐明朗。联盟军的另一支劲旅——罗伯特·李的第三军团，由好战的安布罗斯·鲍威尔·希尔（A. P. Hill）指挥——正在沿着与奥林奇公路平行的奥林奇栈道赶来。由此，沃伦的第五军团面临的将是由罗伯特·李 2/3 的兵力所组成的延续战线。波托马克军团名义上的指挥官是乔治·米德，现在他甘愿担当陆军总司令格兰特的副指挥官。米德已经感到了惊惶不安，因为按他之前的预想，南方叛军仅仅是想延缓联邦军队的行军，而不是决一死战。可是看来，罗伯特·李正是打算在这里与联邦军队决战。糟糕的是，格兰特的部队有2/3还没进入阵地。

在此关头，“格兰特冷静地接过指挥”，他轻轻地安慰米德说，如果罗伯特·李想在莽原交战的话，“没关系”。格兰特命令手下的第二军团快速出动，打击希尔人数较少的部队。第二军团是格兰特手下最大的一个军团，由温菲尔德·斯科特·汉考克（Winfield Scott Hancock）指挥。汉考克在格兰特眼中是整个联邦军队中最优秀的军团指挥官，他之前在率部抵挡皮科特冲锋时曾严重受伤。然后，格兰特和米德骑马返回了前线后方一英里处的一片草地，那里的参谋人员正在搭建帐篷，以作为临时的指挥总部。

赶到那里之后，“格兰特找了一个树桩坐下，从军装口袋里又掏出一支雪茄（每天开始的时候，格兰特都会将20支雪茄分放在自己军装全身的各个口袋里），然后泰然自若地坐在那里，笼罩在烟雾缭绕当中”。格兰特独自坐在那里，一边考虑马上要做出的调遣和决策，一边掏出自己的小刀，从地上拾起一根树枝削了起来。通过这一简单的举动，格兰特给自己创造了专注的空间，可以尽自己所能专心思考。

下午 3 时左右，汉考克的第二军团战况喜人，但格兰特的一名助手霍勒斯·波特（Horace Porter）急匆匆地跑回指挥总部，给格兰特带来了一个悲伤的消息：格兰特的挚友亚历山大·海斯（Alexander Hays）准将在率部冲锋时头部中弹。波特写道：“格兰特将军绝不是会将感情外露的人，但是当时可以明显看出来他受到了触动。他当时坐在地上，背靠着树，仍然在削手里的松树枝。”格兰特在整理自己的思绪——此时身边虽然有人，但仍然是独处——一言不发地坐了一会儿，然后才开口谈论起自己的这位老朋友，但是每讲一句话都要停顿一下，以平复自己的心情。汉考克当天差一点就彻底击溃希尔，可惜当夜晚将临时，战斗仍未结束。

格兰特对 5 月 6 日的计划非常简单：调动一切可以调动的力量增援汉考克，击垮罗伯特·李的右翼。罗伯特·李的右翼一旦被击溃，整支部队便成了格兰特的囊中物。天一拂晓，一切似乎都在按计划进行。希尔的部队开始溃退，汉考克向后方报告说“我们正在乘胜追击”。但是，罗伯特·李还有一个军团正在赶来的路上，由他最信任的詹姆斯·朗斯特里特（James Longstreet）指挥。

朗斯特里特率领部队在 24 小时内奔行 32 英里赶到战场。对于联盟军来说，他的到来正是时候。当时，子弹已经在罗伯特·李的头上飞过了，而罗伯特·李正骑着自己惹眼的白色战马“旅行者”，几近绝望地拉拢自己的部队。罗伯特·李通常都是庄重沉默的典范，但是当这次看到赶来的增援部队时还是“抑制不住自己的感情”，在马镫上高高站起，挥舞着手中的宽边帽子。

朗斯特里特赶到后做的第一件事就是把罗伯特·李劝到后方去。他后来回忆道，罗伯特·李当时因为狂喜“都坐不稳了”。然后，朗斯特里特指挥自己的得克萨斯军团列成严密的队形，然后径直插入汉考克的部队。到了上午 9 点，汉考克的部队撤回到了追击前的位置。到了 10 点，联邦军队开始像流水一样经过格兰特的临时指挥部向后方撤退，这让指挥所里的参谋人员乱作一团。

然而，当其他所有人都丧失理智的时候，格兰特并没有。有目击者后来说道，格兰特当时继续“平静、条理清楚地下达命令，从他身上看不出一丝紧张不安的迹象”。这也得到了另一位目击者的证实，格兰特“像往常一样飞速地将部队调往战线上的几个关键位置”。就在这时候，联盟军的几发炮弹在附近爆炸，格兰特站起身，吸了一口雪茄，观察了一下情况，然后又坐回了自己的位置。一位参谋军官向格兰特建议将指挥所向后方撤退。格兰特没有起身，手中削树枝的动作停了一下，打量了一下这名军官，然后安静地答道：“我觉得不如派些炮兵来守卫现在的位置。”然后他又接着削了起来。

但是很快格兰特就开始面临真正棘手的问题。汉考克部队撤退的混乱将自己的左翼暴露了，正如一年前胡克部队在钱斯勒斯维尔战役中暴露的右翼一样。一年前，胡克部队暴露的右翼直接决定了战役的胜负。朗斯特里特很快发现了汉考克部队右翼的缺口，并派5000人上前包抄。此举让联邦军队陷入了恐慌。一位联邦士兵在自己的日记中写道："我们的阵型被打乱，大家像四散的羊群一样逃命。"紧接着，朗斯特里特将剩余的部队派上前发起正面冲击，打散了汉考克四个师中的两个。

然而，正当联邦军队面临被瓦解击溃的危险时，朗斯特里特在混乱中被自己士兵击中误伤，正如一年前"石墙"杰克逊冲击胡克部队右翼时也是被自己手下误伤，而且两次位置仅仅隔了四英里。（朗斯特里特活了下来，杰克逊没有。）汉考克赶紧趁机发了疯似的整顿自己的队伍。队伍刚整顿好，罗伯特·李的全力一击就来了，这次几乎是重复了前一年的皮科特冲锋，只不过规模小了一些。这次的结果与上次一样：汉考克守住了自己的战线。

接下来，还有更为棘手的问题在等着格兰特。原来，格兰特部队在战场上的右翼其实也暴露了。格兰特的右翼是由一向牢靠的约翰·塞奇威克（John Sedgwick）所指挥的第六军团防守的，该军团在格兰特部队渡过拉皮丹河的位置附近掘壕据守。罗伯特·李在此方向的指挥官尤厄尔因为胆小怕事而一直没能利用格兰特的这一弱点。但是，当天下午罗伯特·李得知这一情况后立即下令攻击。

下午6时，罗伯特·李的部队迎面与塞奇威克的侧翼短兵相接，将之击退了一英里，切断了格兰特向拉皮丹河的退路。一个小时后，两位慌慌张张的参谋骑马从右翼向指挥总部报告，称联邦军的右翼已经彻底完蛋了。米德对他们大发雷霆，又让他们驰马而去。不久，一位准将也从同样的方向骑马过来，并且带来了相似的消息。这位准将对格兰特说道："现在的局势已经非常危急了。根据以往的经验，我对李的战法非常熟悉。他一定会用全部兵力将我们与拉皮丹河隔开，并切断我们部队之间的通讯。"

听到这里，格兰特终于失去了耐心。他从树桩上起身，取下嘴里叼着的雪茄，转身对这位准将说："噢，我真心受够了，总是听到李下一步的可能计划。我看，你们有些人总是以为李可以突然来两个后空翻，同时攻击我们的后方部队以及两翼。回到你的指挥位置上去，考虑我们自己接下来怎么办，而不是去揣测李要打算怎么着。"

然而，不利的消息接连不断地从右翼传来。格兰特手下的参谋长约翰·罗林斯（John Rawlins），同时也是他身边的守卫，在几个小时后和一位朋友说道："接连到达的军官们带来了越来越多的细节，很快证实，格兰特将军当时正面临着一生当中最大的危机。"最终，夜幕降临后，有消息传来说塞奇威克重整并且守住了自己的防线。格兰特的部队至少暂时还是安全的。

当两翼部队都暂时脱离了危险，并且当天的战斗已经结束了之后，格兰特才显示出来自己在这一天当中曾承受着多么大的压力。格兰特这次的情感释放是通过慎重的独处，与维克斯堡战役期间的独处时光虽然不同，但同样有着激烈的情绪。一年前，胡克的意志被击垮了，从而部队也惨遭失败。在刚刚过去的两天当中，格兰特面临的困难比胡克之前要险峻得多：格兰特部队的伤亡达 17666 人，比胡克部队的伤亡要惨重，并且格兰特的两翼部队都暴露在了敌人面前，而胡克只有一翼。格兰特一边坐在树桩上削树枝，一边默默承受着战事的紧张压力，还要忍受失去一生挚友海斯的痛苦，但仍然“言语间没有一丝怀疑，没有半点泄气”。等到危险已经过去，格兰特才允许自己展现出脆弱的一面。

而正如谢尔比 · 福特（Shelby Foote）所言，即使到了这时候，格兰特“也体现了自己独特的慎重和冷静”。仅有两名军官看到了格兰特情感的释放，他们分别是罗林斯和另一位格兰特的亲信军官小查尔斯 · 弗朗西斯 · 亚当斯（美国第六任总统的孙子、第二任总统的曾孙）。罗林斯说：“当所有应当采取的措施都交代清楚后，格兰特回到自己的帐篷中，脸朝下趴在行军床上，让情绪尽情地释放。”罗林斯说自己“从未见过格兰特有如此大的情感波动”，并认为“毫无疑问他的灵魂深处都被触动了”。小查尔斯 · 亚当斯的叙述则言简意赅："我一生当中从没见过有人如此激动。"

格兰特知道自己情感的极限在哪里，也知道自己在和罗伯特·李惊心动魄的第一次遭遇当中越过了这一极限。这倒不是说他失去了对自己情感的控制，相反，他情感释放的时机和谨慎的方式都说明他一直保持住了对自我的控制。正如前一年的夏天当林肯得知罗伯特·李的逃脱一样，格兰特深知自己内心的躁动会威胁到自己作为领导者的执行力。（林肯的哭泣是出于悲痛，而格兰特则是为了释放压力。）

格兰特也知道，内心的躁动早晚会迸发，如果不是在自己的帐篷里，就有可能是在事关整支军队存亡的决策时。而按历史经验来看，最有可能的决策就是像之前与罗伯特·李交手的将军们一样，将难以忍受的压力用另一种方式释放——向北撤退。但是格兰特通过独处的时间坚定了自己的方向。

格兰特的独处也感染到了手下人。当天深夜，当指挥总部的其他人都已经上床睡去之后，格兰特仍然独自坐在篝火旁。在另外一个帐篷里，被格兰特带到身边圈子的记者希尔维纳斯·卡德瓦拉德（Sylvanus Cadwallader）久久难以成眠。前两天的战事深深动摇了卡德瓦拉德对联邦军队的信心。他后来写道："我满脑子充斥着悲观的念头。我们经历了两天惨烈的战斗，但却乏善可陈。从交战双方的伤亡对比来看，联邦军队损失惨重。我们被迫在李将军选择的战场上与他交战，伤亡比最乐观的估计也要 2 ∶ 1……两天的战斗过去了，我们在战场上却仍未取得像样的战果。”

卡德瓦拉德对格兰特的信心也动摇了。“在漫长得像几个小时的几分钟里，我在与格兰特将军亲密并且互相信任的相处中是第一次也是唯一一次怀疑自己对他的信心是否经得起推敲。本来我对他的信心由来已久，且毫无保留地支持他。我跟随格兰特将军经历了塔拉哈奇（Tallahatchie）行军、维克斯堡战役、查塔努加（Chattanooga）战役，现在又随他来到了莽原的黑暗茂密的丛林。但是我这一路跟随是不是就是为了等到他吃败仗被赶下台的这一天呢？波托马克军团的历任指挥官还没人能摆脱这最终的厄运。”

辗转难眠的卡德瓦拉德最终起身步出帐篷。“我不经意间向右一瞥，正好看到格兰特将军坐在篝火余烬另一头的行军椅上。他的帽子盖在脸上，蓝色旧军装的高领翻到耳朵上，一条腿跷在另一条腿的膝盖上，眼睛盯着眼前的余烬。我都以为他已经半睡半醒了。”但是格兰特还是注意到了卡德瓦拉德，然后在椅子里直起身，和他“轻松谈论了一些无关的事情”。接下来的半个小时里，两人都没有提起前两天的战事。最终，卡德瓦拉德说已经很晚了，他们两个人都应该睡上一会儿，并说格兰特“应当尽量多休息，这也是职责所在”。格兰特“笑着同意了”，站起身，轻描淡写地提到“李将军前两天可没让我们好过”。然后格兰特就步入了自己的帐篷。

当时的卡德瓦拉德才意识到格兰特从来没表达过自己的

绝望，哪怕是一点点。格兰特所有的绝望都释放在了自己的帐篷里。卡德瓦拉德写道：“在我一生当中，那是我最为拨云见日的时刻。”

第二天，格兰特手下的将士也迎来了拨云见日的时刻。当他们已经做好了灰溜溜向北撤退的准备的时候，他们接到了向南前进的命令。格兰特通过独处重整了自己的信心，现在他又重整了部队的信心。将士们虽然已经疲惫不堪，但是当格兰特骑马经过的时候还是发出欢呼声，将帽子扔到空中，并欢快地围住他。其中有人回忆道：“我们的士气高涨起来。我们欢快地行军，士兵们唱起了歌……当天晚上我们都很高兴。”

第九章 容人之量

“孤独并不是什么可怕的事情。”

——昂山素季

愤怒与恐惧都会影响领导者的判断力。诚然，领导者和普通人一样，恐惧很容易就会转变为愤怒。领导者需要面对紧张和压力，那种对肩负职责临近乃至超过自己能力的恐惧。当预料之外的困难出现的时候，这种紧张和压力就是情感的导火索。困难面前的领导者很容易产生愤怒的情绪，这可能是因为下属同样的错误犯了两遍，或者是没有准备好领导者明显需要的东西，抑或是对工作不够上心增加了领导者不必要的负担。

有时候看起来确实是因为下属的过失而使领导者感到愤怒，但也有时候领导者所愤怒的是困难本身，尤其是当危机出乎意料或者是当领导者自己遭受到严重不公正待遇的时候。

处于领导者的岗位做事，就像是处理施肥的肥料一样，用得好就是田地的养料，用得不好就是爆炸物。不善于思考的领导者往往倾向于后者：他往往意识不到自己的愤怒有一部分是源于自己内心的焦虑，因此做出的反应——斥责下属、在会议上发飙——并不能解决事件本身出现的问题。这种类型的领导者，做得好的话会经常道歉，不好的话则总是埋怨下属。

而善于思考的领导者则会用更具建设性的眼光看待同样的问题。在对困难事件做出回应之前会稍微停顿一下，因为他知道如果不停下来思考的话很可能会做出过激的反应。首先需要思考的是困难的源头。没有从不会犯错的下属，妄加谴责也不能解决任何问题。善于思考的领导者深知这个道理，所以并不会一得到机会就对他人大加斥责，而是会选择原谅他人犯下的小错，正如他之前曾得到他人的原谅一样。随后，他还会帮助下属从错误当中汲取经验教训，就事论事地把问题说清楚，并指出今后应该如何避免同类错误，如果可以的话还会安慰下属说自己曾经也犯过同样的错误。这就是领导自己的下属与拿下属当出气筒的区别。

思考还可以帮助领导者正确应对自身遭遇的不公正待遇。可能是挟势弄权之徒通过排挤自己谋求上位，也可能是贪图权力之辈觊觎自己手里的权力，还可能是在困难当中为他雪中送炭的同事在得势之后反而以怨报德。在上述情形当中，领导者是否做出回应以正视听是一回事，但是如何在情感上应对又是另一回事。与其为了他人的这些行为徒增烦恼，破坏自己的情绪平衡，不妨思考对方何出此举，是因为恐惧、自恋？还是因为该人本来就龌龊不堪？深入思考其中原因，就可以在回应当中尽量避免对人不对事的情形发生，因为这些原因往往和我们自己并无干系。

善于思考的领导者往往还会对这些人抱有一点同情心：龌龊之人自有行龌龊之事的道理，可怜之人必有其可恨之处，尽管他们本可以做得更好。当不善于思考的领导者忙于愤怒的时候，善于思考的领导者仍能保持内心的平静。

昂山素季因为致力于在缅甸提倡民主而遭受到严重的不公正待遇。然而，通过冥想与思考，她做到了宽宏大量，因此才坚持下来，将自己的事业推向成功。

对于昂山素季来说，独处往往并不是主动的选择。从1989年到1995年，再从2000年到2002年，又从2003年到2010年，加起来15余年的日子里，她一直被软禁在家，与家人断了联系，几乎与外界隔绝。但是她面对软禁并没有恼怒，而是淡然处之。在第一次被软禁过后，她曾说："我觉得自己的精神更强大了。从某种意义上说，这也是对我的一种考验，让我变得更加坚强。我觉得我已经懂得了同情心的价值。我认为同情心对于这个世界来说非常重要。"到底有多么重要呢？2015年的昂山素季已向世界证明。

昂山素季是缅甸独立领袖昂山将军之女。昂山将军之于缅甸正如乔治·华盛顿之于美国，只不过昂山将军的命运要悲惨得多。1945 年 3 月，时年仅 30 岁的昂山领导缅甸国防军与盟军一道与日军作战，最终解放了缅甸。1947 年初，昂山通过谈判帮助缅甸从英国赢得了独立。1947 年 4 月的选举当中，他率领的政党在 202 个席位当中赢得了 196 席，成为缅甸的实际领导者。可惜，仅仅 3 个月后，在昂山素季仅两岁的时候，昂山将军与几乎所有内阁部长们在开会的时候遭到 5 名枪手杀害（这 5 名枪手是受政敌指使）。

接下来的数十年间，缅甸陷入缅军总司令奈温将军的集权统治当中。1960 年，奈温派昂山素季的母亲金姬前往新德里担任缅甸驻印度大使——此举旨在让她离开缅甸。时年 15 岁的昂山素季也随母亲前往印度。后来，昂山素季被英国牛津大学录取。1972 年，昂山素季嫁给研究西藏文化的英国学者迈克尔·阿里斯（Michael Aris），两人在牛津定居后带着两个小儿子亚历山大(Alexander)和金(Kim)过着安静的生活。

然而，这一切都被 1988 年 3 月某个晚上的一通电话所改变。在缅甸的一位家族朋友打电话告诉昂山素季，说她的母亲因中风住进了仰光的一家医院，病情危急。迈克尔后来写道："她一放下电话就开始收拾行李。我当时就预感我们的生活将发生彻底的改变。"

第二天，昂山素季乘飞机回到了缅甸。到了 1988 年 7 月，当奈温宣布立即放弃自己权力的时候，昂山素季仍然在缅甸的家中照顾自己的母亲。缅甸全国民众的兴奋还没过去几天，另一位将军盛伦（Sein Lwin）执掌了权力。随后爆发了大规模的游行示威。刚开始的时候，昂山素季并没有公开参加抗议活动，尽管民众对她的呼声很高，因为她是缅甸最受人尊敬的领导人的女儿。但是，8 月 26 日，在仰光将近 100 万民众面前，她站出来发表演说，呼吁多党制选举。她用流利的缅甸语对群众说："作为我父亲的女儿，我不能再对祖国发生的一切熟视无睹。这次全国性的危机实际上可以称为争取国家独立的第二次斗争。"从那一刻起，昂山素季就被视为是民主运动的领导者，并开始在全国各地展开运动。

9 月 18 日，一个新的军政府——缅甸联邦恢复法律和秩序委员会（State Law and Order Restoration Council）执掌权力，并在当天宣布军事管制。接下来的 4 天当中，缅甸军队多次开枪射击示威者，造成数千人死亡。尽管如此，联邦恢复法律和秩序委员会仍宣布将日后组织"自由、公正"的全局。该月底，昂山素季与其他两位同事组建了一个新的政党——缅甸全国民主联盟（National League for Democracy）。

1988 年 12 月 27 日，昂山素季的母亲去世。接来的几个月里，昂山素季几乎走遍了整个缅甸，对激情洋溢的民众发表演讲，不断发展壮大自己的政党。然而，1989 年 7 月 20 日，联邦恢复法律和秩序委员会下令逮捕昂山素季，并对她实施至少一年的家庭监禁。昂山素季的全国民主联盟的 40 余人也在当天被捕，并被送往仰光因守卫森严和待遇恶劣而著称的永盛监狱。

在全国民主联盟的领导人要么被软禁，要么被关进监狱之后，联邦恢复法律和秩序委员会开始筹备第二年春天进行选举。但是军政府的将军们严重误判了民众的情绪：1990 年 5 月 27 日举行的各方都认可为自由且公正的选举当中，全国民主联盟以压倒性的优势赢得了 495 个席位当中的 392 席。然而，联邦恢复法律和秩序委员会仍然无视选举结果，辩称本次选举的是制宪会议席位，而不是缅甸国会。这个所谓的制宪会议自始至终都没有举行。

在此期间，昂山素季也开始适应被软禁在家的生活，而且这一禁就是将近 6 年。她后来回忆道："第一年是最糟糕的。我感觉自己仿佛被打入了深渊。"刚开始的时候，昂山素季还能收到家人寄来的信件以及食物、书籍的包裹。但是联邦恢复法律和秩序委员会在选举前公布了包裹内物品的照片，以作为对昂山素季宽宏大量的证据。

此后，昂山素季便拒绝再接收任何包裹或是信件。家里还被切断了电话，因此她完全与自己的丈夫和儿子们隔绝。房顶还经常漏水，她只好用桶接着。而且，她还拒绝接受政府提供的食物，而是用自己的家具、浴缸、空调和士兵换钱。即使这样，她还是得不到足够的食物。（缅甸军方将昂山素季"变卖"的所有物品放进了仓库里，后来又归还了她。）

她的体重由 106 磅（48 公斤）减到了 90 磅（40.8 公斤），头发开始脱落，视力下降，还遭受着心脏疾病。但是，昂山素季对待看押她的守卫们仍然友好，询问他们的家庭情况，讲讲笑话。

在昂山素季被软禁期间，联邦恢复法律和秩序委员会明确表示她只要愿意，任何时候都可以去英国与自己的家人团聚。但是她一旦去了，委员会很可能就不会再让她回到缅甸。对于委员会开出的这个条件，昂山素季一直不为所动。

虽然昂山素季的身体越来越虚弱，但是她的精神却变得逐渐强大起来。有时在深夜，她醒来后会走到楼下，盯着墙上自己父亲的照片看。“我对父亲说，‘父亲，您与我同在，我们一起对抗他们。’我能感受到他的存在，这让我感到安慰。我有时候能感到他就在我身边。”每天早上，她会在 4 点半起床，然后是一个小时的内观禅修，这种佛教的修行方式是将全部精神集中到有意识的呼吸。然后，她在晨练和早餐之前还用自己的短波收音机收听国外的广播，这也是她与外界唯一的联系。在一天剩下的时间，她是在学习、弹钢琴（巴赫的音乐可以帮助她保持思维的敏捷）、做家务当中度过。

在一天的活动当中，最核心的就是内观禅修，也就是冥想。这种方式对于她来说非常新鲜。在被软禁前不久，她拜访了班迪达尊者（U Pandita）。班迪达尊者是仰光一位著名的佛教导师，堪称经典的《就在今生》（*In This Very Life*）就是他所著。班迪达尊者认为，冥想的过程净化的不仅是个人，更是整个社会。这一理念的核心在于佛教所说的“慈”，即慈爱。班迪达尊者写道：“与恨的攻击性和破坏性相反，慈是希望他人得到幸福快乐。”

昂山素季则说：“入世佛教是一种积极的同情心，或者是积极的仁慈。也就是说，不能仅仅是置身事外说‘我为他们感到难过’，而是对现状做出改变，为最需要的人们提供自己力所能及的帮助，关爱他们，尽自己所能帮助他人。”与“慈”关系非常紧密的另一个理念是“悲”。“慈悲”可以让人不去仇恨压迫者，而是意识到驱使压迫者做出压迫行为的力量——尤其是恐惧。

通过每天清晨的冥想，昂山素季放下了心中因被软禁而郁存的愤怒。培养“慈悲”作为自己的核心价值观，昂山素季得以用自己所谓的“伟大胸怀”去看待软禁自己的人，进而原谅他们。“我认为，原谅说白了就是能够抛开他人的行为去看待这个人，并意识到不管这个人有什么样的所作所为，他并不是不可饶恕的。他身上总有可以接受的地方。”

因此，对于昂山素季来说，因为有“慈”，她才可以做到宽宏大量。诚然，昂山素季曾表达了自己对独处时光的一种感激，虽然其本意有可能是在讽刺。“我们组织的许多人都得到了让自己精神强大的机会，因为我们被迫在软禁或是在监狱中独自度过漫长的岁月。从某种意义上说，我们应当感谢那些软禁或是关押我们的人。”

昂山素季的软禁于1995年7月10日解除。到那个时候，“慈”已经成为她非暴力反对缅甸当权者的基本思想。当昂山素季的父亲昂山将军在1947年被选举上台的时候，他就曾表示自己的执政将“以仁慈和真理为基础”。现在，昂山素季已经做好了效仿她父亲的准备。她说自己所主张的是“一种精神上的革命……一种由特定精神价值观所引导的政治体系”。1996年5月，在一次演讲当中，她向在场的民众提出一个问题，缅甸民主运动的基本原则应当是什么？然后她自己回答道：

> 是“慈”。请大家相信，一旦我们放弃了“慈”，我们整个的民主党派就会分崩离析。“慈”并不仅仅是对于支持我们的人，还应当是对于那些反对我们的人。“慈”意味着对他人的同情心。……我们的组织绝无怨恨，而是将“慈”放在自己的首位。

昂山素季的“绝无怨恨”诺言将会在接下来的年月中接受更为严峻的考验。1999年1月，她的丈夫迈克尔被诊断患上了前列腺癌。他活在世上的时间不到3个月了，但是缅甸政府仍然拒绝他来缅甸最后一次见见昂山素季。1999年3月27号，迈克尔在他53岁生日的这一天去世了。第二年的9月，在与拒绝自己离开仰光的军政府对峙 9 天后，昂山素季再次被软禁在家。

2002 年 5 月 27 日，在被关押一年半多之后，昂山素季被释放。然后过了整整一年，2003 年的 5 月 30 日，昂山素季与约 100 名朋友以及支持者在经过乡下（迪巴茵镇附近）时，她乘坐的大篷车遭到当局支持的暴徒的袭击，意图杀死她。虽然暴徒谋杀她的目标未遂，但却杀害了她的 70 名支持者。此次袭击过后，昂山素季第一次被带往永盛监狱，名义上是为了保证她的安全。3 个月后，她再次被软禁在家，这已经是第三次了。

昂山素季在软禁中度过了整个 2005 年，就这样到了 2006 年的 9 月。当时缅甸的僧人开始走上街头抗议。在缅甸，僧人是一支强大的精神力量，正如天主教堂在天主教国家的地位一般。前一个月，缅甸当局突然取消燃油补贴，导致交通费用飞涨。接着爆发的零星抗议遭到缅甸政府的暴力弹压。然后僧人们开始在仰光举行“和平游行”，穿着藏红花色长袍赤足行进，人数估计高达 10 万人，他们的队伍绵延将近一英里。

他们一遍遍地唱诵着《慈爱经》（*Metta Sutta*），开头是“愿所有众生皆快乐，并拥有幸福的生活”。10 月 24 日，一队游行的僧人穿过路障向昂山素季家门口行进，她就站在门内满含着热泪望着他们。僧人们的举动从道义上支持了昂山素季。

昂山素季对“慈”的践行达到了完美的循环：昂山素季通过冥想来表达对僧人教诲的尊敬，现在僧人们也表达了对她的尊敬。

然而昂山素季被软禁在家又过了 4 年，直到 2010 年 11 月 13 日得到释放。那之前的 21 年当中，她有 15 年多是在软禁当中度过的。在冥想的帮助下，昂山素季将“慈悲”作为自己精神的核心，并由此一直保持着超脱的情绪平衡。她还将“慈悲”作为自己政治理念的核心，因此她并不是把当局看成是不共戴天的敌人，而是希望能够有一位可以与之达成和解的开明的领导者。

2011 年，这样的领导者终于出现了。当年新当选缅甸总统的登盛（Thein Sein）很快就邀请昂山素季参加一次经济会议，并与他和夫人一起用餐。登盛是一位真正的改革家，他致力于改善与西方国家间的关系，因此并不把昂山素季视为“一种威胁、颠覆分子或是境外势力的代理”，而是“至少是一个潜在的重要伙伴”。登盛很快就推出了改革措施：将工会合法化，释放政治犯，准许全国民主联盟重新登记为政党。登盛还下令暂停一个争议大坝项目，因为该项目“不符合人民的意愿”——缅甸政府此前从未承认人民意愿的这种权力。最后，登盛将 2015 年 11 月 8 日作为缅甸全国大选的日子。本次选举与 1990 年那次一样，被绝大多数人认为是自由、公正的，而且昂山素季领导的全国民主联盟再次以压倒性的优势获胜。与之前那次不同的是，登盛明确表示选举的结果具有效力。

当被迫独处的时候，昂山素季感受到的并不是愤怒或者是恐惧，而是“真正的改变来自于内心，在于理解同情、正义和爱的价值”。

| 第四部分 |

从优秀到伟大

第十章 被反对的勇气

弗兰克·米尼斯·约翰逊（Frank M. Johnson Jr.）称得上是美国过去60年当中影响力最为深远的一位联邦地区法院法官。约翰逊身材魁梧，脸部轮廓分明，在法庭上不怒自威。一位律师曾说约翰逊经常会从眼镜的上方盯着人看，“就好像是在顺着枪筒瞄准靶子一样”。在美国南方的法官当中，约翰逊为废除种族隔离制度做出了极为重要的贡献。

1955年7月，约翰逊被美国总统德怀特·艾森豪威尔任命为亚拉巴马州首府蒙哥马利市（Montgomery）的一位联邦地区法官。在接下来的15年当中，约翰逊将城市巴士、拘留所、监狱以及学校实施的种族隔离定为非法，禁止“3K党”针对“自由乘车者”（美国南部黑人民权运动者为抗议长途汽车种族隔离而采取的抗议行动）的暴力，判决州政府允许马丁·路德·金及其支持者从塞尔玛（Selma）到蒙哥马利游行。然而，约翰逊这些措施也激起了反对者的反应：约翰逊收到过死亡威胁，白人至上主义者在他家院子里焚烧十字架，一名“3K 党”成员还往约翰逊母亲家里扔了一颗炸弹（这家伙以为约翰逊也住在这里），乔治·华莱士（George Wallace）在 1962 年竞选州长时一直在演讲中将约翰逊作为攻击对象最终成功当选。

据蒙哥马利市的一名医生后来回忆，在此期间，“没有人为他辩护。报社、牧师、律师，那些年没有人声援他”。约翰逊自己回忆道：“许多时候我都会感到孤独。不论是谁，在发生一些事情后，当整个国家的政客和媒体都站出来抨击你、‘3K 党’威胁你时，你就会开始担心自己的家人，甚至预感会有不好的事情发生。”

然而，在自己的职责上，约翰逊从未动摇。几乎每一位法官都会在法院的内庭花时间反省自己，而约翰逊有着强烈的价值观需要反省。约翰逊成长于亚拉巴马州西北部的温斯顿县（Winston）农村地区。美国内战期间，温斯顿县参加北方联邦军队的人要多于加入南方联盟军的人。用约翰逊的话来说，温斯顿县的人们“相信每个人的尊严，相信每个人都具有正直的品质以及资格，无论种族、信仰、肤色或者是意识形态”。

后来，约翰逊曾作为一名陆军军官随乔治·巴顿将军的第 3 军参加了诺曼底战役，在此期间他两次负伤。作为一名法官，他仍然保留了自己军人的作风。他的一位助手说，约翰逊的行为“总是以是否有利于美国来作为衡量标准”。约翰逊对自己在司法当中扮演的角色也有着清醒的认识。他认为：“法官的唯一职责就是确定法律是怎么规定的，然后将法律应用到具体案件的事实当中。这是他的权力所及，也应当是他的关切所在。”有这样坚强的价值观做后盾，任凭乔治·华莱士怎样抨击，听任邻居如何冷落，他都丝毫不会动摇自己的决心。

有些领导决策会带来专业领域之外的后果。最为常见的形式就是道德指责，反对者不仅会批评决策本身，还会抨击做出决策的人。例如20世纪30年代，丘吉尔因为主张增加军费开支以应对纳粹威胁而被讥讽为战争贩子。对世俗认知（放到今天就是各种各样的绝对真理，但绝不仅仅是学术范围内）持反对意见者也可能遭受同样的待遇。

而与自己群体（既可以是政党，也可以是与其他团体竞争的任何团体）的正统观念背道而驰的人将会面临指责自己为叛徒的声音。即使是很小的决定也可能招致道德上的谴责：领导者关上门思考问题，不参加无聊的工作会议而去切实落实工作，下班后不去聚会喝酒而选择陪伴家人，这些就会被认为是冷漠的表现；而领导者如果回邮件慢了或者是根本没回，就会被指责为玩忽职守。这些小决定都是因为领导者没有遵从他人所重视的规则。

还有些决策会对领导者本身带来影响。有时是物质上的影响，例如领导者决定离开一个优渥的岗位，而选择更能实现个人抱负但不太优渥的岗位。有时则是精神上的负担，例如为了减轻一些人的苦难而不得不让另一些人受苦。还有的时候，领导者面临的是物质与精神上的双重后果，例如决定离开所在企业或组织的安稳条件而冒险成立自己的企业或组织。除了这些后果之外，领导者还有可能面临道德上的谴责，被其他人说成自私自利、不负责任或是冷酷无情。

这些谴责无非是为了强迫领导者能够遵从外界期望，迫使领导者改变之前所做的决定。道义勇气则可以让领导者无视这些声音的干扰。这就不仅需要清晰的目标，还应有坚定的信仰。要想坚定自己的信仰，从而具备道义勇气，领导者必须触及自己的灵魂深处。

首要的原则是深深扎根于内心的道义勇气。全球知名汤品制造商金宝汤公司（Campbell Soup Company）的前任董事长及首席执行官道格·柯南特（Doug Conant）曾说："坚定自己信仰的领导者更为可靠。"柯南特本人就以专注于正直与结果而广受赞誉。他还曾担任纳贝斯克食品公司（Nabisco Foods Company）的董事长，创办了柯南特领导力训练营（Conant Leadership）并担任首席执行官，并与他人合著了畅销书《触点：短暂互动中潜藏的领导艺术》（*Touch Points: Creating Powerful Leadership Connections in the Smallest of Moments*）。他还说过："领导者需要在人的领导和组织的领导两方面双管齐下。只有坚定自己的内心才能领导身边的人。”

和马蒂斯将军一样，柯南特也担忧当今的领导者们缺少思考。“我对领导者内省的缺乏感到瞠目，”柯南特说道，“我并不是说我们应当完全脱离对外界的关注，而是说我们需要完全关注自己的想法。正如莎士比亚所言，‘做真实的自己’。如果我们不能深刻地理解自己，又怎能做真实的自己呢？没有内省，怎么理解自己呢？”在自己职业生涯的早期，柯南特也曾在这方面陷入挣扎。“在我刚开始的 10 年里，当我在美国通用磨坊食品公司（General Mills）时，我总是纠结于如何让别人高兴，而不是把自己的想法摆在重要的位置。结果我被解雇了。”

从那时候开始，柯南特便专注于自己内心的基本原则。“每天早上，我都要花 30 分钟的时间坐在花园里或是舒适的椅子上，一边喝咖啡一边思考。”他说，“我思考的是五个方面的问题：家庭、工作、社区、信仰，以及个人幸福。我思考自己在这五个方面做得如何，哪些做得好，哪些做得不好，有什么需要改进的。”每隔三至四个月，柯南特都会进行一场自己所谓的“深入思考”。“这通常是我在旅行的时候，在回家的飞机或是火车上。我会细细回想这五个方面的问题，并与我自己的价值观以及自己在生活中扮演的不同角色相联系。这是一种让我专注于自己所坚信的东西的极好方式。”

此外，每一年，柯南特还会对自己的“个人使命陈述”

进行修正。“数年来，我每年都会独自前往犹他州几天，给予我自己宝贵的时间来思考自己究竟实现了些什么，以及在下一年当中应当专注于什么。”柯南特表示，他这种每天、每季度、每年进行的思考是“我已经坚持了 25 年至 30 年的严格要求。它让我对待他人更为真诚，同时也更为有效，因为我所思考的永远是对自己最为重要的事情。通过自省，我可以做出与自己的原则相符的决定。这种方式改变了我的生活。除了我们自己，没人能和我们进行这样深度的对话”。

柯南特强调，领导者需要在挫折来临之前思考自己的基本原则。“作为领导者，我们需要牢牢掌握手里的船舵，以备风暴的来临。虽然有时风平浪静，但是风暴难免会出现。我们需要做好准备。”

柯南特举了一个实例来说明自己是如何对基本原则的思考给予道义勇气，用他自己的话说就是“藐视批评”。“在《门口的野蛮人》（*Barbarians at the Gate*）当中讲述的雷诺–纳贝斯克公司（RJR Nabisco）收购战过去 3 年后，我加入了纳贝斯克公司。”加入纳贝斯克之后，柯南特担任纳贝斯克饼干公司的市场部高级副总裁，当时该公司的市值为 55 亿美元。“那是我所经历过的最不健全的环境。”柯南特说，“每个人都觉得自己是受害者，整个公司的思维模式看起来就是为了目的不择手段。”

“大家都是天分很高的人才，只不过有点迷失了方向。

我请一位经验丰富的资深顾问对我们的员工态度进行了一项调查。他说我们的企业文化是‘一滩沼泽’。我们员工的信任度水平是他见过的最低的之一。”然而，柯南特拒绝向他认为不可接受的盛行风气投降。“我的核心信念之一就是，如果我们的企业不能实实在在地表现对员工的重视，就不能期待员工会重视我们的企业。”于是柯南特开始采取措施来认可那些为改善企业文化而表现积极的员工。

“刚开始的时候我没有听到许多鼓励的声音。持怀疑态度的人们说我采取的措施‘温和’或者‘肉麻’。”但是柯南特不为批评声音所动，继续实施自己的全盘计划。一年过后，他又开展了一次员工态度调查。“还是上一次的那位顾问，这次他对我说：‘简直太神奇了。你们从泥泞的沼泽地变成了清冽的山泉！’”

“我如果没有坚持思考的话，就肯定不会渡过那次领导危机，”柯南特说道，“自省的时间最好是在需要的时候之前。”

德娜·布拉杰与柯南特对于个人基本原则的认识所见略同，用她的话来说就是“优先顺序”。“人们总是很轻易地向‘保持联系’的观念妥协，”她说，“这些人并没有意识到他们支配自己时间的优先顺序。时间是一种不可再生的资源，一旦用掉便再也回不来。我们在动动手指头就能交换信息或者获取信息的同时，也失去了抚慰自己心灵的时间。我们也在慢慢丧失灵魂得到触动的能力。如果我们可以花更多的时间独处的话，就可以更加重视我们自己。”

德娜具有非凡的勇气来无视与外界保持联系的所谓准则。“独处可以抚慰我们的心灵。在独处的时候，我能再次意识到哪些事情对自己来说是最为重要的。我能再次听到自己的声音。独处之后，在面临选择的时候，我知道自己是谁，也知道自己应当做出什么样的选择。我不会害怕做选择。”

丹·布罗斯泰克（Dan Brostek）的经历可以证实柯南特关于通过思考自己的首要原则来寻找道义勇气的观点。和许多人一样，丹喜欢在长跑的时候进行深入的思考。“我跑步是为了理解自己是个什么样的人，什么样的事情对我有意义。”他如此表示。丹成长于纽约北部的一个军人家庭，1996 年毕业于西点军校，在离开部队后加入安泰保险（Aetna）担任一名主管。“我在那里度过了充实的 12 年，”丹说，“物质上的回报很丰厚，我多次得到晋升，在职业发展方面也取得了长足的进步。”

在那之后，丹跳槽至美库尔商务信息咨询公司（Merkle）担任一份行政管理职位。美库尔为许多大型保险公司提供营销服务。“我在美库尔与我们客户的营销人员共事，为他们部门提供各种各样的媒体以及数据管理服务。我很钦佩美库尔公司的同事们。我也能很好地理解我们的客户，尤其是医疗保健行业，因为我自己也有该行业的从业经历。”虽然丹在美库尔的工作顺风顺水，但是却依然没有获得成就感。“从外面看，一切都很令人满意，但是我在内心当中却感到空虚。我有一种不安的感觉，那就是我的工作对我没有什么意义，总感觉有更大的事业召唤着我去做。”

丹婚后有了两个小男孩，有次他问他们知不知道他的工作是什么。“你每天都在电脑前工作。”其中一个答道；“你为易趣网（eBay）工作。”另一个说。“那个时候，”丹说，“我意识到我的孩子们对我为谁工作，或者是做什么工作一无所知。”

丹开始在跑步的时候思考这些问题。他在离开部队几年后爱上了跑步。“在那之前，我的体型由之前的最棒变成了最差的。我在和几位西点军校的老同学去希尔顿海德岛的时候意识到这一点。这几位同学当时仍在部队服役，他们仍然保持着健美的身材。而我则臃肿得看起来像一条搁浅在沙滩上的鲸鱼。我在被大公司压榨的同时也失去了身体的健康。”

丹参加了哈特福德马拉松的训练以及正式比赛，然后便爱上了越野跑步。“我立刻意识到越野跑比公路跑于我而言的不同。越野跑是在大自然当中，而大自然非常重要。”丹说，“离开了城市的喧嚣，去拥抱大自然的壮丽。这样就可以对有意义的事情进行更加深入、更为连贯的思考。”越野跑对于丹而言还有一项特殊的特别之处。“我是一个非常喜欢分析的人。我的大脑总是处在深深的思考当中。我在公路跑的时候不能打破这种循环，因为自己不用考虑跑步本身。”

但是在越野跑步时，不平整的地面则会打破这种循环。“刚开始的45分钟，我会专注于自己身体的运动，双脚踩在什么地方。我的大脑处于一种监控状态。然后我的身体就开始对自己所处的位置有了肌肉记忆。”到了这样的时候，在大脑里的分析循环被打破之后，当身体开始自动寻路时，丹的大脑就切换到了他称之为“感悟”的境界。“我的大脑重新启动了。”他说。他的头脑就像刚睡了一整晚好觉醒来一样清醒。“我能感悟到我的生命中哪些才是重要的，以及我在这些方面做得怎么样。”

丹把这些感悟的时间用来思考与道格·柯南特思考的类似的问题：工作、家庭、社区。“我记得自己在准备离开部队的时候和营长的一次谈话。他告诉我，‘最重要的是，每天晚上当你上床睡觉时，当你把头放在枕头上时，你能感觉自己当天做了些有意义的事’。这个想法一直萦绕在我心头。后来，我在跑步的时候意识到，我当时工作的目标——期票股权、长期报酬——对我来说都没什么意义。我还意识到我并没有在以自己希望的方式来塑造我孩子们的生活。”

在此期间，丹的母亲在与癌症进行了长期的斗争之后离开了人世。“她去世的时候65岁。当天晚些时候我出门跑步的时候想到：‘如果我在65岁或者55岁的时候去世，我是否能完成我在生命中所希望完成的所有事情？’对我而言，这样的想法只可能在跑步的时候冒出来。”

丹还开始触及自己难以到达的内心深处。“我通过培训成了一名系统工程师。在复杂的问题、困难的局势面前，我总是能迎难而上寻找到解决之道。但是我总是触及不到自己的感情。在我的母亲去世后，我开始在越野跑的时候体会这些感情。”就这样，丹的信仰的原材料开始出现。“我开始将清晰的分析能力与自己内心深处的直接感受相融合。我将自己客观分析的一面与主观感受的另一面联系起来。”

之前，丹曾和自己的妻子卡丽（Carrie）讨论过搬到美国西部的想法。现在他们开始认真地勾画这一设想。在多次深入的交谈和详细的计算之后，他们做出了决定：丹将辞掉在美库尔的工作，然后全家搬到俄勒冈州的本德市（Bend），丹将在那里的一家非营利组织担任市场主管。“一切都开始明朗起来，”他说，“我的工作将更为充实，我的家人都为搬到西部去感到兴奋，而我也可以为社区做出更多的贡献。”他新工作的报酬与在美库尔相比相形见绌，但是丹却非常乐意做出这样的改变。“当我把自己做决定的标准拓宽到报酬之外时，做决定非常简单。我们愿意做出一定的牺牲，以追求简单的生活。”

丹还记得自己把这个消息告诉在美库尔的一名客户时的情景。“他的第一反应是，‘老兄，你太对不住我了吧。你刚为我们组建起了一支团队’。然而当我告诉他更多细节的时候，他又说：‘你接着说，这样的故事我是不会信的。’”

当丹把自己的想法全盘托出后，他的客户依依不舍地说道："好吧你赢了，剩下的困难只好由我来面对了。"

于布琳 · 布朗（Brené Brown）而言，作为领导者的首要原则之一就是独处的重要性。布琳是 3 本《纽约时报》榜首畅销书——《成长到死》（*Rising Strong*）、《真正的勇气》（*Daring Greatly*）、《脆弱的力量》（*The Gifts of Imperfection*）——的作者，还是休斯敦大学社会工作研究生院的助理研究教授。她的研究课题包括"脆弱性、勇气、真实性和羞耻感"。

此外，她还是挑战之路（Daring Way）和勇气训练营（Courage Works）的创始人与首席执行官。这两家机构是针对个人和组织培训领导力的机构。"我在职业生涯中犯过的最大错误就是曾以为独处是一件奢侈的事情，"她说道，"回头看看自己在生活和事业当中的起起伏伏与独处的时间，我发现后者真的关乎工作当中的成败。"

对于她来说，独处有多种形式。"独处是一系列的方式，既有长时间的，也有短时间的。这两者我都需要。乘坐国际航班的时候，我不会和同行的人坐在一起，这样我就有 12 个小时的时间来想出好主意。"离家近的时候，她会在自己的日历上专门留出时间来思考和写作。"这一点没有商量余地。"她还会通过游泳来寻求独处的机会，"游泳的时候没人能和你说话"。

和许多人一样，布琳也面临着剥夺自己独处时间的社会压力。“决定独处是一个非常脆弱又极为勇敢的举动。人们往往以为抽出时间来独处是自我放纵或者是脆弱的表现。还有的人会做出自以为是的品头论足，比如说‘你是不是要偷偷去见活佛？’”她在研究当中发现，这样的社会压力对于有些领导者来说过于沉重。“如果你问他们：‘你需要什么样的独处时间来思考问题？’他们会回答：‘我还没那种资格。’他们以为只有功成名就的领导者才配得上独处时间。归根到底还是因为大家觉得独处是自我放纵。”布琳认为这些新生代的领导者没有意识到“独处不是成为杰出领导才能得到的奖赏，而是成为杰出领导的必由之路”。

布琳举了一个例子来说明坚信独处的重要性给予了她坚持独处的勇气。“几周前，我和一个非常小而精的团队忙于建立一项新业务。我们一周要工作 7 天，每天开会 10 小时。有一天晚上，公司总裁打电话对我说：‘这样下去可不好。这些会议开始让人感到是一种折磨。大家都筋疲力尽、怒气冲冲。’我说：‘我知道。我也是精疲力竭，怒气冲冲。’”

尽管团队在第二天还安排了一场 10 个小时的会议，还有几项需要在几天后“交差”的任务，但是布琳还是决定给自己一点独处的时间。“我告诉别人：‘我明天上午不来了。我需要独处。’第二天上午我游了泳，走了 3 英里，然后趁着自己在家的时候整理了我的食品储藏室。”然后她在下午 3

点左右走进了办公室。“我说：‘我首先要向大家道歉。我之前一直在对大家进行微观管理。我很累，因为我做不完我认为自己需要做的事情。大家也都很累。我们应当停一停。’几个人说：‘我们手上还有需要完成的这个和那个。’我回答道：‘这周末大家都别上班了。再这样下去我们就没有人性了。’”布琳的团队在下周的星期一再次碰头。“我们大家都清晰了。3 个小时的时间里我们就解决了一大堆事情。”

“于我而言，领导者的位子意味着选择勇气，抛弃安逸，”布琳说，“其中一部分就是放下忙碌，选择独处。”

“我曾认真思考是什么让独处对我的领导者身份如此重要。”吉米·巴茨（Jimmy Bartz）说。吉米是萨德教堂（Thad’s）的创始人，后者是洛杉矶一间美国新教圣公会教堂。“是勇气。我的勇气部分来源于独处。”萨德教堂（其名字 Thad’s 源自耶稣的 12 门徒之一 Thaddaeus——达太）的传道方式不按常规。“传统教堂感召更多人的方式是把人带到教堂，让他们的生活方式向我们靠拢。”吉米说，“我们萨德教堂的方式是，我们自己到社区当中去。我们曾到爵士酒吧、犹太社区中心和一间编剧工作室去布道。随着教堂的发展壮大，我们的空间也变大了。我们现在有现场音乐，而且我们做的许多事情并没有明显的宗教色彩。我们的教堂外面还挂着霓虹的标志，上面写着‘耶稣爱人’。”

独处一直是吉米生活方式的一部分。“对独处的坚持流淌在我的血液里。我在 11 岁的时候有一份送报纸的工作。我每天早上很早就起床，骑着自行车去给各家各户送报纸。从那时起我就保持了独处的习惯。现在，我仍然会每天 5 点半起床，那时家里其他人都还在睡觉。星期五是我的休息日。整天就我一个人，直到孩子们放学回家。”

吉米在得克萨斯州长大，他很早就展现出了不墨守成规的个性。“我家所有人都是上的美国南卫理公会大学（SMU）。”他说，“这是我家的传统。但是我选择了去得克萨斯大学，当时也受到了一些阻拦。”从得克萨斯大学毕业后，吉米从西部来到了东部，进入弗吉尼亚大学的神学院学习。

吉米说，毕业后他的大多数同学都去了“大教堂”，但是他选择回到奥斯汀，在得克萨斯大学当了一年的校园牧师。“主管牧师对我说：‘你如果不能成为一名好牧师的话，就将是我们这儿最后一名牧师。我们的牧师部门每年要花费 8 万美元，可是只有 5 名学生到我们这儿来。’”

那位牧师让吉米想出一些办法来扩大牧师部门的影响力。“一位让我尊敬的领导专门对我提出了一个我所关心的问题，”吉米说，“他也给了我思考的时间。我在学生中心角落自己的办公桌前思考、祷告，试图想出一种新型的教堂模式。最终我在一个非常孤独的时刻有了一个想法，而这个想法里满满的都是人。这种想法就是‘仓库式教堂’。这就是萨德教堂的雏形。”

然而，吉米结束了自己短暂的校园牧师生涯后选择了一条更为传统的道路。“为了取得职业上的发展，我需要在自己的经历当中添加大教堂的工作经验。我接受了贝弗利山庄的一家新教圣公会大教堂提供的职位。”那时吉米已经成婚并有了自己的儿子贾斯（Jass）。“那时我儿子才三个月大。我认为那是一个不错的机会。洛杉矶符合我们家庭的个性。”

这份工作并没有设想当中那么适合吉米。“我在那里过得并不舒服，”他说，“虽然这家教堂被誉为美国最好的新教圣公会教堂之一，但是我一直在问他们‘教堂对我们的衡量标准有哪些呢’。通常的衡量标准无外乎每周出勤、吸纳新教友人数、教友赞助数额。”吉米认为这些衡量标准都没有抓住要领。“我在那里待了一年后认识到：那些当上领导职务、加入教友小组、捐赠财物的人当中也有十足的混蛋。”吉米认为症结所在是“我们并没有让这些人理解我们的教义，没有鼓励他们为社区、为我们教堂之外的弟兄姐妹们更为投入地服务”。

在此期间，吉米加入了一个每周讨论小组。“里面的人都是我到了那里之后才认识的，他们都比我稍微年长些。我们开始讨论用企业家精神来对待天国——那将会是什么样子？”吉米错过了几次讨论。当他再次参加的时候，“他们说：‘我们想出了咱们的天国主意。我们认为我们应当创办一家教堂——由你来领导。’我那个时候还没告诉他们我的仓库教堂想法呢”。

吉米开始认真考虑离开贝弗利山庄教堂现有职位，这也意味着要离开教堂为他们提供的大房子。“要知道，贾斯有着非常特殊的需求，”吉米说，“他患有失语症。所以，在我作为一名牧师、一个新领导、一位父亲的成长道路上，我自己的孩子在医疗和成长方面有着很多的需求。他的父亲是一名靠嘴皮子传道的牧师，可他却不能开口说话。”

“我在家的时候学习了很多关于沟通的问题，”吉米说，“关于人们如何沟通。人们会问我:‘他会说话吗？’我会答道:‘不会说英语。但是你如果能熟练运用他的沟通方式的话，他的沟通非常清晰。’”

贾斯的情况是吉米在犹豫是否要创办一家仓库教堂时所要考虑的首要因素。但是他做出的决定却出乎大家预料。“我是家里的顶梁柱，”他说，“当我选择离开传统教堂的发展之路而去创办萨德教堂的时候，人们都对我说：‘你这是在不负责任。你别忘了自己对贾斯的责任。’”但是，吉米通过思考自己为人父的经历，对现实有了另外角度的看法。“他们只不过是在将自己的恐惧体现到我身上。贾斯的情况反而是让我心里作为企业家的那一面表现得更为大胆。养育一个有着特殊需求的孩子而把我的整个世界摧毁了。然后我在废墟上重建家园。我刚开始的时候并不觉得我能处理好这个问题，但是现在我对他教导有方，关爱有加。然后呢？我就意识到我们可以做到的事情比想象中的要多得多，并且把这一点运用到了自己的事业当中。”

吉米迈出了自己的脚步，并创办了萨德教堂。“我的教派当中会像我这么做的人并不多。”他说道。现在，萨德教堂发展良好，会众越来越多，这同样也对领导者的能力提出了挑战。“随着我肩上的责任越来越重，我越来越需要独处，”他说，“独处也是我一天的必需品。不管是在公园，还是家里其他人都还在睡觉的时候。真正的身体独处在洛杉矶这样的地方太难得了。所以我每年要去怀俄明州三次，独自去钓鱼、爬山、远足。有时两三天都遇不到其他人。这是一场灵魂的旅行。”

亚里士多德曾说：“习惯于藐视恐惧就变成了勇敢之人，而成为勇敢之人后则更能够无畏。”吉米通过在户外独处的时间直面挑战养成了这样的习惯。“在大自然当中的冒险给我一年剩余的时间里带来了积极的红利，”吉米说，“既然我可以独自在野外做各种事，在工作中也能如此。我能在直面恐惧的时候采取有效行动。‘这个项目会成功吗？’或者是‘我怕让这个人失望’。我可以勇敢地迈出自己的脚步，因为我在独处时养成了这样的习惯。”

然而，吉米勇气的最大来源是贾斯。“我生命当中最深的伤口，”吉米说，“也是我得到的最大的恩赐。”

第十一章　克服一切阻碍的力量

“因此，我将首先说出最不受欢迎、最令人讨厌的事情。”

——温斯顿·丘吉尔，1938 年 10 月 5 日

要想获得道义勇气，领导者必须愿意做出牺牲。有时这样的牺牲并不严重：在某些人眼中的声誉受损，被人怀疑自己的观点，之前与他人构筑的良好关系变得尴尬。有时的牺牲则很严重：由广受欢迎到遭受排斥，某些群体当中弥漫的愤怒，自己的判断力甚至品德都遭受非议。然而，还有更为严重的牺牲：丢掉工作，重要关系的断绝，人身遭到威胁。

这些后果，即使不是严重的后果，也会打消许多人坚持认为自己正确的念头。然而，有的时候这样的后果值得承受，因为另外的选择可能会造成更为严重的后果：优先次序颠倒，组织遭受损害，道德的完整性被破坏。坚持自己首要原则的领导者会在这样的情形下清晰地认识到自己所坚持的目标比

受欢迎度、人际关系甚至职业成功都更为重要。

善于思考的领导者还可以意识到，他并不是一个人在坚持。他可以将自己所面临的形势与前任领导者曾面临的同样甚至更为严重的局势相比较，然后试图效仿。或者他可以以一位尊敬的亲人或朋友，或者遭受他自己从未面临过的残疾或者困难的人为榜样。这些力量的源泉可以让领导者坚定自己的内心和信念，无论批评者如何反对，他们都会做出自己应有的决策。

1938 年 9 月 30 日，英国首相内维尔·张伯伦（Neville Chamberlain）在结束慕尼黑会议后返回英国，他对阿道夫·希特勒提出的一切关于捷克斯洛伐克的要求做出了让步，而张伯伦的国民们把他当作英雄来迎接。在几周之前，欧洲已经到了另一场世界大战的边缘。但是张伯伦签署的《慕尼黑协定》将自己的国家从战争的悬崖边拉了回来——至少张伯伦和大多数英国人是这么认为的。

在危机解除的时候，张伯伦乘坐的飞机于 9 月 29 日早上降落在伦敦外的赫斯顿机场，他被迎接他的群众的规模和热情给惊呆了。张伯伦挥舞着那张希特勒签字的协定，迎接他的是群众的欢呼和“善良的老内维尔”呼声。一位皇家信使带来了国王的手谕，邀请张伯伦到白金汉宫，“同时，这封信向你表示最热烈的欢迎，由于你的耐心和决心，你赢得了整个帝国同胞们的永恒感激”。

张伯伦后来写道：“甚至报纸上的描述也并不能使人想象出在我从赫斯顿机场乘车前往白金汉宫途中的场面。从头到尾，人们都夹道欢迎，各个阶层的人喊得嗓子都哑了，有人跳在汽车的踏脚板上，靠着车窗，向车里伸出了他们的手，想要同我握一握。”张伯伦还写到“唐宁街的盛况空前”，他打开唐宁街10号首相官邸楼上的一扇窗户，向楼下的群众喊道：“我的好朋友们，这在我国历史上是第二次从德国带着体面的和平回到唐宁街。我相信这是我们时代的和平。”另一位日记作者，受人尊敬的议院议员利奥·埃默里（Leo Amery）总结道：“当时，避免世界大战的喜悦压倒了一切，内维尔由此成了国家英雄，乃至世界英雄。”

然而，仅仅6天后的1938年10月5日，温斯顿·丘吉尔在英国下议院站起来讲道：“因此，我将首先说出最不受欢迎、最令人讨厌的事情。我将首先说出大家想要忽视但却不得不被指出的事情，那就是我们遭受了完全的、彻底的失败。”他又接着说道，“我们正面临着降临到大不列颠和法国的一级灾难威胁。我们不能视而不见。”

丘吉尔的此次演讲淋漓尽致地体现了他的道义勇气，因为他明知道自己这样做会招致诽谤。确实，迎接他的演讲的是“粗鲁”和“胡说”的呼声。和丘吉尔持同样观点的议员都不想让自己被丘吉尔牵连。就连在丘吉尔此番演讲之前一直是他的坚定支持者的埃坪区的一些选民也举行了声势浩大的活动以剥夺他的席位。总而言之，不管怎么看，这次演讲就是一场政治上的自杀。

要想理解为什么丘吉尔会做出此番关于《慕尼黑协定》的演讲，就必须回顾之前的一系列事件。1938 年 3 月，当希特勒实施自己“德奥合并”（Anschluss）计划——吞并主权国家奥地利——时，英法两国不顾奥地利勇敢的总理库尔特·冯·舒施尼格（Kurt von Schuschnigg）和大多数奥地利公民的明确反抗，选择了袖手旁观。接着希特勒便把目光投向了捷克斯洛伐克。

捷克斯洛伐克位于欧洲的中心，堪称民主和宽容的典范。捷克斯洛伐克国内的民族包括匈牙利人、罗马尼亚人、斯洛伐克人和捷克人。当时捷克斯洛伐克的领导者是总统爱德华·贝奈斯（Edvard Beneš）。对于希特勒来说，这些都是吞并捷克斯洛伐克的不利因素。更为不利的因素是捷克斯洛伐克国内还有日耳曼人，他们大多数居住在多山的苏台德地区（Sudetenland），该地区在捷克斯洛伐克西北部与德国接壤，戒备森严。这一地区易守难攻的地形和强大的捷克军队都是希特勒偷袭侵略捷克斯洛伐克的“绿色方案”（Fall Grün）的巨大障碍。

于是，希特勒指示纳粹德国在捷克斯洛伐克境内的“第五纵队”煽动骚乱，挑起事端，制造日耳曼人受到捷克斯洛伐克不公正待遇的假象。骚乱在 1938 年的春夏不断升级，最终在9月份达到了高潮。那时苏台德地区有褐衫党（纳粹党徒身穿褐色制服，因此被称作褐衫党）掀起的暴乱，德国柏林的各家报纸耸人听闻的大标题。丘吉尔清晰地意识到这一切都和六个月前发生在奥地利的情况一样。与此同时，数十万德国军队被部署到了与捷克的边境上。

现在差不多到了内维尔·张伯伦实施自己"Z计划"的时候。在张伯伦看来，要想获得欧洲的稳定，所要做的并不是西方民主国家扩充军备，也不是更为坚定、更为明确地抵抗纳粹侵略，而是张伯伦所谓的"张伯伦手法"。1938年9月12日，希特勒在纽伦堡的演说慷慨激昂地抨击了"犹太阴谋者"和"罪恶的"捷克斯洛伐克，要求捷政府给苏台德日耳曼人以"公平待遇"。不照办，德国就设法让它一定办到。

9月13日，张伯伦认为是时候施展个人外交了。他当天给希特勒发了一封电报，建议举行会谈，并表示自己第二天上午就可以动身前往德国。虽然此举让希特勒有些困惑，但后者还是同意了。张伯伦9月15日飞往德国，在下飞机的时候还无意间检阅了党卫军骷髅师的一支部队，然后乘火车前往贝希特斯加登（Berchtesgaden）去与希特勒会面。在简短的客套之后，希特勒一直坚持苏台德地区应当"回到德国的怀抱"，并简称自己"准备宁愿冒触发世界大战的风险，也不想再拖下去"。张伯伦几乎无言以对。

然后希特勒话锋一转，提出和平的解决方式仍然可能，只要英国同意苏台德地区按照“民族自决”的原则得到“解放”。这对于张伯伦来说是很好的条件了，因为他曾表示自己不在乎“苏台德地区是在德意志之内还是之外”。张伯伦表示将回国向内阁报告，并“争取他们通过他的个人观点”。希特勒表示同意，两人还同意在下一周继续会面。

张伯伦回国后将此事报告给了内阁会议，后者在一定阻挠之后同意了张伯伦的建议，即将苏台德地区割让给德国。9月22日，张伯伦飞往德国与希特勒在哥德斯堡（Godesburg）会面，将该消息告诉了希特勒。出乎张伯伦意料的是，希特勒宣布贝希特斯加登会面期间商讨的边境线“不可能接受”，因为希特勒决定提高自己的要求：他表示在德国控制苏台德地区之前没有时间进行民族自治流程。

第二天，希特勒交给张伯伦一份“备忘录”，要求捷克斯洛伐克不晚于9月28日——五天之后——在苏台德地区撤军，并由德军于9月26日开始占领该地区。张伯伦起身告辞。希特勒马上提出“让步”，并称之前从没有人让他做出让步。可以多给捷克斯洛伐克三天时间，在10月1日前从苏台德地区撤军。张伯伦再次感到满意，与“元首”（Führer）亲切告别。

在此期间，捷克斯洛伐克开始动员，加强了苏台德地区边境的军事防御。9月24日，捷克斯洛伐克拒绝了希特勒提出的条件。两天后，希特勒发出最后通牒，要求捷克斯洛伐克在9月28日下午2时之前接受他提出的条件。然而，到了

28 日上午，捷克斯洛伐克并没有按照希特勒所说的去做。可是就在同一天上午，张伯伦通过意大利提出与希特勒再次会面的请求，并立即得到了希特勒同意。这次会面将在慕尼黑举行，法国领导将与张伯伦一起出席。

慕尼黑会议本身就很令人失望：英法再次同意了希特勒提出的条件，更有甚者，还同意强制捷克斯洛伐克接受条件。捷克斯洛伐克最终于 9 月 30 号屈服了。在几天之内，德国的盖世太保和纳粹党卫军就耀武扬威地开进了苏台德地区。

丘吉尔清醒地看出了《慕尼黑协定》的种种缺点，尽管他的大多数同胞都选择视而不见。但是丘吉尔的清醒认识只是他在 10 月 5 日那次演讲的前提条件之一。真正让他做出这次演讲，并让这次演讲永垂不朽的是背后的道义勇气。而这种道义勇气是丘吉尔通过有效的独处才得以实现的。

丘吉尔独处的方式是他在 20 世纪 30 年代经常采取的做法——写作。写作对于丘吉尔来说有着现实的必要性。30 年代期间，丘吉尔的生活花销相当于当今的 100 万美元每年。丘吉尔在议会领到的薪水连这个数的半成都不到。剩余的大部分都要靠稿费解决。因此，如果只考虑收入来源的话，丘吉尔的职业应当算是作家。

他在 20 世纪 30 年代的写作量惊人。1930 至 1938 年间，他写出了关于自己的 17 世纪祖先，第一任马尔伯勒公爵（Duke of Marlborough）的四卷长篇传记，受到评论界好评。1938 年

8 月至 1939 年 12 月间，丘吉尔口述完成了《英语民族史》（*History of the English-Speaking Peoples*）的前两卷，将近 50 万英文单词。即使在 1938 年 8 月至 9 月间，当捷克斯洛伐克危机最为严重的时刻，丘吉尔平均每天还能完成 1100 单词。在这 10 年间，他还写了一个双周报纸专栏，数百篇杂志文章，数百篇演讲稿，以及其余几本著作。

丘吉尔大部分的写作都是在自己查特韦尔庄园顶楼的书房当中完成的。这个房间的历史可以追溯到 1086 年。（现在这间书房仍然保持着丘吉尔时代的样子。）书房的门口是都铎式建筑风格。橡木椽子和横梁高达 20 英尺（约 6 米）。墙壁上摆放着书架，丘吉尔站着写作的书桌旁是一座壁炉，透过窗户可以俯视肯特原野（Weald of Kent）的壮丽景象。就是在这间书房里，丘吉尔一般在每晚 11 点钟开始文学创作。他的身旁总是有一名秘书记录他的口述，有时还有牛津大学的一名年轻研究生帮他做历史研究。但是他人的存在并不会使丘吉尔从工作的独处状态中分心，因为丘吉尔总能保持完全的专注。威廉·曼彻斯特（William Manchester）的描述最为到位："公众肯定见不到这样的丘吉尔，他夜复一夜地在书房里踱步。他的内心像是关上了一扇门，将除眼前问题之外的一切都挡在外面。"

这种独处的时间对丘吉尔的影响怎么说都不为过。丘吉尔是一位浪漫主义者，他认为自己的国家是以一系列信念为中心的。用丘吉尔自己的话来说可能是，这些信念刚开始的时候只是原始迷雾中远处的微光，然而随着时间的推移，这些信念的光芒将照耀着之后的世纪。（丘吉尔认为微光和闪光是“典型的、鼓舞人心的比喻”。）丘吉尔还相信，被这些信念所激励的伟人，可以改变历史的进程——而他就是这样一位伟人。于是，当丘吉尔在书房里前后踱步时，他并不仅仅是在与听众讲话，还是在与自己交谈。他自己所言的口头历史激发了其灵魂深处不可动摇的信念。

丘吉尔对历史的研究也提升了他的眼界。他会从历史长河的角度来看待自己所处的时代以及自己的作为。历史当中的主角们——亚瑟王、阿尔弗雷德大帝等等——同他们当时的邪恶与困境做斗争，正如他与当前的困境做斗争一样。他们的榜样让他在深深的困境当中仍能坚持自己的信念。他们历经数世纪仍充满生命力的传奇让丘吉尔明白：极为困难的处境意味着名垂青史的机会。就像他在 1940 年 6 月演讲当中提到的，“如果大英帝国和英联邦持续 1000 年”，他的作为仍将被人们铭记。

1938 年至 1939 年间，当丘吉尔忙于《英语民族史》的写作时，他这样的英雄气概开始展露出来。在 1938 年 8 月 20 日写给英国外交大臣哈利法克斯勋爵（Lord Halifax）的信中，丘吉尔说自己“现在和古英国人、罗马人、盎格鲁人、撒克逊人和朱特人深深地交织在了一起”。在 1938 年 9 月 19 日——

张伯伦与希特勒第一次会面的 4 天后——写给一名考古学家的信中，丘吉尔附上了《英语民族史》中诺曼征服（指继 1066 年黑斯廷斯战役之后诺曼底人对英格兰的入侵和征服）之前 1000 年历史的书稿，并附上了自己的体会：“在焦虑的日子里，能将我的思绪抛到 20 世纪之前 1000 年的历史当中，这给予了我莫大的安慰。”再往前追溯 600 年，亚瑟王的故事则给丘吉尔带来了鼓舞。

丘吉尔曾和自己的研究助手争论亚瑟王是否存在（助手们都说不存在，但丘吉尔不为所动，坚持称仅凭亚瑟王的传说都应当把他当作真实的人物来看待）。之后，丘吉尔对民众做出了这样的呼唤：“无论哪里的人们在与暴行、暴君、屠杀做斗争，争取自由、法治以及荣耀，都请记住，尽管他们可能会灭绝，但是只要地球自转一天，他们的事迹就会被人们歌颂。”丘吉尔不会忘记这样的事情，因为他几乎每天晚上都沉浸在查特韦尔庄园书房的独处之中。

跨过英吉利海峡，丘吉尔从不屈不挠的圣女贞德（Joan of Arc）身上找到了与自己相似的灵魂。1938 年 12 月，丘吉尔在给自己妻子克莱门蒂娜（Clementine）的信中写道：“我刚写完圣女贞德的故事。我认为在法国的整个历史当中，她才是真正的赢家。”就在《慕尼黑协定》签署数周后，丘吉尔在关于圣女贞德的内容中提到：“这位少女心中喷涌着对法国的怜悯，这种令人尊敬的怜悯是不是神迹还有待商榷，但绝对是不可战胜的。”在这段时间里，丘吉尔对英国有着同样的感情，对法国亦是如此。

丘吉尔在《慕尼黑协定》签署前不久的一次演讲当中，听众们也能听到他思想的回响。在1938年5月9日的演讲中，他断言：“难道我们没有自己关于自由，关于自由宪法，关于民主和议会政体，关于《英国大宪章》（*Magna Carta*），关于《权利请愿书》（*Petition of Right*）的意识形态吗？如果非要用这个丑陋的词语来称呼它们的话。”

在1938年8月27日的演讲当中，丘吉尔说道：“这片古老的森林（Forest at Theydon Bois）很容易让我们回想起诺曼底王朝”——他在演讲结束的时候提出了对德国人的警告：“无论发生什么……大不列颠以及大英帝国都不能被视作没有能力扮演自己应该扮演的角色。我们之前的英雄们仍未被历史忘却。”

他这种说给自己同胞听的警告很快就在他另一次演讲的结束再次响起——这次的时间是10月5日。

丘吉尔的独处对于他就《慕尼黑协定》发表的演讲本身也是不可或缺的。撰写一篇复杂文章的过程——对于大多数作家来说，这是最为孤独的时刻——需要更加用力地思考。丘吉尔的这次演讲自始至终都体现着他清晰的思路，用干脆、易懂的方式详述了该协定的谦虚为西方民主国家造成的灾难，直截了当地讲述该灾难本来是可以避免的，以及可能引发的后果。关于该协定的后果，丘吉尔预言到："我冒昧地认为，捷克斯洛伐克将不能再以独立的实体存在。我认为在几年之内，甚至几个月内，捷克斯洛伐克将被纳粹政权所吞并。"丘吉尔的语言一语成谶：不到六个月后，1939 年 3 月 15 日，希特勒的装甲部队开进了布拉格。那天晚上希特勒宣布："捷克斯洛伐克已经不复存在了。"

写作的过程不仅可以让写作者思考得更为深入，还能有更深入的感受。对于丘吉尔来说确实如此。同样是曼彻斯特的描述："很多时候，他一边口述着让听者动容的篇章，一边哭泣；他的声音因为感情而变得嘶哑，眼泪从他（以及他的秘书）的脸颊滑落。"

丘吉尔关于《慕尼黑协定》的演讲也同样令他自己动容。他在准备演讲时用到的材料中有一份 10 月 1 日的备忘录，其中他画线强调了这一个段落："……没有什么能够贬低过去三个月当中（捷克斯洛伐克人）一直展现出的勇气与尊严。"这种情感在丘吉尔的演讲当中体现得淋漓尽致："一切都已结束。沉默的、悲伤的、被抛弃的、破碎的捷克斯洛伐克陷入了黑暗之中。"丘吉尔还表达了该协定对人民的不公平："这块将要被移交的土地上的人们从来没表达过愿意接受纳粹统治的意愿。"

在这篇演讲当中，我们还可以听到他在查特韦尔庄园书房中的思考。丘吉尔描述英国从 1918 年一战结束时的战胜国堕落到了20年后，也就是希特勒上台仅仅五年后，濒临灭亡的境地："我们曾有着安全与力量，我们曾有力量行善举，有力量对战败的敌人慷慨，有力量与德国谈条件，有力量在德国悲伤的时候做出适当的纠正，有力量如果我们愿意可以阻止他们武装自己，有力量行使我们认为正确的武力、慈悲或正义。可是在短短的五年里，我们从一个安全的没有威胁的位置到了如今的境地。"这里，丘吉尔找到了将近1000年前的类似事例。

不得不承认，1000年前的《盎格鲁－撒克逊编年史》当中晦涩的言语……用到当今我们对待德国以及与德国关系当中最为合适不过。"我们所遭受的所有这些灾难都是因为错误的决策，因为我们没有呈上贡品，因为我们在合适的时机没有反抗他们；当他们犯下最为罪恶的罪行之后，我们反倒与他们讲和了。"这就是前人的智慧。

丘吉尔之所以会做那次演讲，是因为他是一个有原则的人，是因为他清晰地看到与希特勒所达成的协定在道德上的不正义，以及将会造成的战略灾难。但同样也因为他在独处时取得的道义勇气。丘吉尔对历史、对英国古代典范的研究，让他可以超越当时的嘲笑和奚落。他为阿尔弗雷德大帝写下的话同样可以用到自己身上：他具有"一种超越周边环境一切力量的崇高力量”，以达到“不朽荣耀的顶峰”。

我不会怨恨我们忠诚勇敢的人民。他们准备好了不惜任何代价履行自己的职责。他们在上周的困难面前从没有退缩。我不怨恨他们在得知自己当前不再面临严峻的考验时所表现出的自然和自发的快乐和解脱。但是他们应当知道真相。他们应当知道我们的国防有着严重的疏忽与缺乏。他们应当知道我们没有开战就陷入了失败，而失败的苦果将在很长的时间里伴随着我们。他们应当知道我们经过了历史上可怕的一座里程碑，欧洲的整体平衡被打乱了。现在整个西方民主世界都面临着可怕的指责：“你被称在天平里，显出你的亏欠。”然而不要以为这已经结束了。这只是清算的开始。这只是满杯苦水的第一小口。我们将一年一年地品尝这苦水，除非我们可以取得道德健康和军事力量的最高复苏，再次站起来，坚定我们过去对于自由的立场。

第十二章　永远不会孤单

“主说，我必与你同在。”

——《出埃及记》

我们每个人心里都有潜在的道义勇气的源泉。这可能是我们与良师或是益友间的友谊，虽然久未联系，但随时可以拜访；也可能是人生当中曾发生的一件大事，事情过后仍有值得回味的地方；还有可能是一位值得尊敬的同事，只要开口求助，他们就会为我们提供最可靠的帮助。

当领导者对自己行动的原因不足以支撑自己走下去的时候，他可以从这些源泉当中汲取力量。他现在所寻求的往往并不是自己行为的原因，而是一种简单的信心——让他相信自己在做正确的事，让他相信自己在尽最大的努力，让他相信不管别人如何在道德上谴责，自己仍然是一个好人。要想保持道义勇气，领导者要兼顾自己的头脑和灵魂。为寻求信心的源泉，他可以静静地思考自己全部的人生——自己曾经历的重要人际关系，想要改变的以前的做法，对自己影响最深刻的经历。在平静之中，在更广阔的眼界之下，他的直觉往往会告诉他可以从哪里拾得信心。

马丁·路德·金对自己在1955年至1956年所领导的蒙哥马利巴士抵制运动（Montgomery Bus Boycott）背后的动机再清楚不过了，虽然担任这次运动的领导者原不是他的本意。在两个月过后，马丁·路德·金被面临的道德谴责和越来越多的敌对电话以及死亡威胁折腾得疲惫不堪的时候，开始考虑放弃自己的领导地位。然而，1956年1月的一天深夜，就在他打算放弃的时候，他坐在自家餐桌前，开始回想自己的一生。然后他意识到自己还有一个可以深深依靠的关系——与上帝间的关系。作为一名牧师，他仍然觉得自己与上帝的关系还可以进一步发展。当金从餐桌前站起来后，他的勇气再也没离开过他。

这位美国历史上最伟大的民权运动领袖一开始并没有把民权运动当作自己的目标。1954年9月，马丁·路德·金和自己的妻子科雷塔（Coretta）搬到亚拉巴马州的蒙哥马利市，那时他只不过是在追求自己成为一名牧师的职业目标。他在德克斯特大街浸信会教堂（Dexter Avenue Baptist Church）当了一名牧师。那时他只有25岁，刚刚完成波士顿大学博士学位的学业。他很快就投入了浸信会的工作当中，并精心准备了一份关于指导原则的声明，他对自己的新会众讲道："领导力从不在于从教堂长椅走向讲坛，而始终在于从讲坛走向长椅。"此外他每个星期还要花数小时的时间来准备并且记忆自己的布道。

在此期间，他一家住进了教堂的牧师住所。1955 年 11 月 17 日，他们家第一个孩子约兰达（Yolanda）出生了。大约同一时间，致力于消除种族歧视的全国有色人种协会（NAACP）在蒙哥马利市的分会——罗莎・帕克斯（Rosa Parks）当时担任秘书——邀请金担任主席，因为他在几个月前曾对该分会的成员们做了一次非常感人的演讲。可是金以自己作为新牧师和父亲为由而拒绝了这一邀请。

然而，仅仅数周过后，金便不得不担任起领导者的职位。1955 年 12 月 1 日，星期二，罗莎・帕克斯在蒙哥马利市因为拒绝在公交车上给白人让座而被捕。紧接着，蒙哥马利市的黑人运动领导们组织了一场从下周一开始的公交车罢乘运动。与此同时，该市两位主要的黑人运动领导者，年长的铁路公司搬运工 E. D. 尼克松（E. D. Nixon）和年轻的牧师以及金的挚友拉尔夫・阿伯内西（Ralph Abernathy）在周五晚上组织了一场黑人运动领导者们的会议。

周五早上，尼克松给金打了个电话，询问是否可以将会议的举办地点设在德克斯特大街浸信会教堂，并寻求金对罢乘运动的支持。刚开始的时候金还在犹豫："尼克松兄弟，请容我考虑一下，稍后再打给我。”当尼克松再次打电话给金的时候，金答应主持本次会议并支持罢乘运动，但前提是他“不用负责组织工作”。在当晚的会议上，大家同意在下周一如期举行罢乘运动，并在周末分发传单进行宣传。

到了周一早上，除了极少数乘坐蒙哥马利市公交的黑人乘客之外，成百上千的黑人要么走路去上班，要么一起乘坐朋友或熟人开的车。当天下午，领导小组再次会面，并决定为此次罢乘运动成立一个新组织。在阿伯内西的建议下，该组织被命名为蒙哥马利进步协会（Montgomery Improvement Association）。金认为自己教堂的一位杰出成员鲁弗斯·刘易斯（Rufus Lewis）应当担任这一新组织的领导。但是刘易斯另有打算：在周一的会上，刘易斯当即推荐金担任这一角色。作为一名伶牙俐齿而且教育良好的浸信会牧师，金可以诉诸全市所有的黑人群众，无论是工人阶级还是中上阶层。没有人提出别的人选。当人们问金是否愿意接受这一角色的时候，金停顿了一下后说道：“好吧，如果你们认为我有所效劳的话，我就接受吧。”

此后不久，会议人员动身前去参加当天晚上原定在霍尔特街浸信会教堂（Holt Street Baptist Church）举行的大型集会。作为蒙哥马利进步协会的领袖，金将作为特邀演讲嘉宾。金在家稍作停留，告诉科雷塔说自己被选为新团体的领导。然后，一位老朋友埃利奥特·芬利（Elliot Finley）开车把他送往霍尔特街。他们在去往教堂的路上遇到了交通堵塞，最终不得不在四周流动的人群当中停车。当他们下车开始步行的时候，金停了一下，说道：“芬利，你知道吗？我觉得我们能成大事。”

金用了15分钟才从汹涌的人群当中挤进了教堂。教堂内挤满了1000人，外面还有4000人，他们通过扩音器时刻关注着里面。刚到没多久，金就被请到了讲坛上。在长椅、通道以及阳台上摩肩接踵的人群面前，金安静地伫立了一会儿。“我们今晚在这里是为了一件严肃的事情，”金开口说道，“从一般意义上说，我们在这里首先且首要的是因为我们是美国公民……但是从特定意义上讲，我们在这里是因为蒙哥马利市的公交现状。我们在这里是因为我们决心对现状做出正确的改变。”金描述了帕克斯的被捕以及她的为人：“帕克斯女士是一位善良的基督徒，为人谦逊但正直有原则。仅仅因为拒绝让座，她被捕了。”

“朋友们，大家应当知道，”金继续讲道，“终究会有那么一天，人们会受够了被压迫的铁脚践踏。”讲到这里的时候，人群中爆发出震耳欲聋的热烈欢呼声，久久未能平息。就像是不可阻挡的海浪一般，就当欢呼声仿佛要减弱的时候，外面的人群爆发的欢呼传了进来，一浪高过一浪。欢呼声中还始终伴随着人们用脚跺木地板的雷鸣声。然后，金继续说：“我们在这里，我们今晚在这里是因为我们受够了。”

此刻的教堂里又开始了低沉的蜂鸣声。“而我们并没有错，我们现在所做的并没有错。”金开始引吭高声。“如果我们错了，那么这个国家的最高法院也错了。如果我们错了，美国宪法也错了。如果我们错了，那么全能的上帝也错了！”人群再次爆发出欢呼。“如果我们错了，拿撒勒的耶稣就只不过是一个乌托邦式的空想家，从不曾来到这个世界！如果我们错了，那么正义将是一派谎言。”

在一段时间里，雷鸣般的掌声让金不得不停止讲话。然后他引用《圣经》里《阿摩司书》呼吁道：“我们蒙哥马利的兄弟姐妹们有决心工作和战斗下去，‘直到公正似水奔流，正义如泉喷涌’！”他开始做演讲的结束语：“爱是基督教信仰中最重要的部分之一；另一部分则是公正，公正其实就是对爱的计算，公正就是纠正那些妨碍爱的东西。”他呼吁群众行动起来：“就在蒙哥马利，当以后人们书写这里的历史时，他们会说，这里的人民有道义勇气，敢于站出来维护自己的权利。”然后他的演讲突然结束了，“让我们思考一下这些事情。”

当金的演讲结束之后，拉尔夫·阿伯内西站起来宣读了一份决议，呼吁大家继续罢乘运动，直到该市的白人领导层能做出令人满意的安排。人群咆哮着表示赞同。当金从教堂走出来时，掌声仍未停歇，人们争抢着与他握手。仅仅在一个下午和晚上的时间里，金就从一名犹豫的参与者变成了毋庸置疑的领袖。

蒙哥马利进步协会的领导者们刚开始以为市政府最多一个星期内就会做出让步。他们之所以这么以为，一部分是因为他们提出的要求很简单：蒙哥马利的黑人运动领导者们要求的并不是全市的公交解除种族隔离，这一点还令全国有色人种协会大为失望。当时蒙哥马利市公交车上的座位安排是，前几排是白人坐的，后几排是黑人坐的，中间还有 16 个座位供司机根据乘客比例，将分割线往前或是往后移。

然而，在实践当中，分割线只会向后移，当白人乘客需要座位的时候，司机就会要求黑人乘客向后移动。坐在座位上的白人从不会被要求站起来给刚上车的黑人让座，而坐着的黑人则经常被要求站起来给刚上车的白人让座。（就像 12 月 1 日那天司机对罗莎・帕克斯和其他几名黑人乘客所下达的指示："我需要那两个座位。"）蒙哥马利进步协会所要求的仅仅是同一家公交公司——全国城市干线（National City Lines）——在亚拉巴马州莫比尔市的政策：白人和黑人乘客都没有预留的座位区，白人从前排开始坐，黑人从后排开始坐，双方遇到的位置就是分割线。

然而，蒙哥马利进步协会的乐观很快就开始褪去。12 月 8 日，帕克斯被捕一个星期后，金率领黑人运动领导者的代表团与蒙哥马利市政府派出的三名委员以及公交公司的律师杰克・克伦肖（Jack Crenshaw）举行会谈。当金提出公交公司应采取莫比尔市的做法时，克伦肖难以置信地回复称，该州的种族隔离法案禁止该做法。也许更重要的是，克伦肖反对称，如果按照蒙哥马利进步协会的方案，很有可能出现黑人男性乘客与白人女性乘客“膝盖相蹭”的情形。这次会谈一无所获。12 月 17 日，双方再次会面，这次还有三位白人浸信会牧师参加。这几位牧师对金说教，称“传福音的牧师领导政治运动”是不合适的。这次会面也没有任何收获。

在此期间，蒙哥马利进步协会的领导者们开始着手建立私营拼车系统的艰巨任务，以为成千上万的城市公交黑人乘客提供出行服务。最终全市几乎所有黑人拥有的汽车都自愿参加到这一行动当中。尽管有许多黑人放弃乘车选择步行，每辆车每天仍需要提供 100 余次载客。路易斯安那州的巴吞鲁日的类似行动只坚持了两周就宣告失败。然而就目前来看，蒙哥马利市的黑人居民们都找到了各自上下班、去商店、参加蒙哥马利进步协会频繁组织的集会等的方式，而且没有给日常的生活带来太多的不便。

这时金身上的压力越来越大。随着问题快速解决的希望越来越渺茫，以及蒙哥马利进步协会面临的交通压力越来越大，黑人与白人代表们在 12 月 19 号举行了第三次会面。令黑人代表们惊愕的是，参加本次会面的还有白人公民委员会（White Citizen’s Council）在蒙哥马利市分会的秘书卢瑟·英格尔斯（Luther Ingalls），而白人公民委员会是一个极力鼓吹种族隔离的团体。

会面开始后不久，当英格尔斯发言的时候，金提出反对，直视着英格尔斯，说在场的一些白人有“先入之见”，并称他们“心意已决”。此举转而惹恼了在场的开明白人。洛根·希普（Logan Hipp）太太因愤怒而颤抖地说道：“我强烈反对这种说我们带着先入之见来到这里的说法，我绝没有！”一位白人商人也跟着说道：“我来这里是在一定条件下准备支持该市法律的自由化解释。我们这里确实有些先入为主的人，而我认为金牧师就是其中之一。”轮到金再次发言的时候，他解释说自己认为只有少数白人是带有偏见的。白人代表团的主席亨利·帕克牧师（Reverend Henry Parker）反驳道：“如果是这样的话，你就不应该在这里，你的立场已经表明了。”金一时无言以对，其他人也默不作声。

金后来回忆道：“在那片刻间，我好像特别孤单。没人站出来为我说话。”直到拉尔夫·阿伯内西站起来，称金的发言代表黑人代表团的所有成员。不一会儿，这次会面不欢而散。

后来，金将自己当时的感受描述为“深深的负罪感”。他恐怕自己情绪的爆发破坏了谈判，而当时罢乘运动给全市黑人社区造成的负担正越来越重。令金沮丧的是，他的发言使白人站在了道德上的高地，至少在场的白人代表们会这么认为。当天，金给帕克牧师打电话道歉。帕克被金此举大吃一惊，因为这代表着平等，于是紧张地重复自己当天在会议上发表的观点。

在后续几天里，蒙哥马利市的白人领袖们将金视为和解的主要障碍，并疑惑“为什么蒙哥马利市黑人群众的那些年长又有资历的领导者们会将权力拱手让给这个新来的年轻人”。白人们也开始散布谣言称金在私吞蒙哥马利进步协会收到的捐款。金后来回忆的时候说自己“在不间断的抨击之下几近崩溃”。在蒙哥马利进步协会一场情绪激动的会议当中，金主动请辞。然而委员会没有接受金的请辞，而是集体声援他。

与此同时，白人的立场也越来越强硬。1 月 6 日，蒙哥马利市警察局长、顽固的种族隔离主义者克莱德 · 塞勒斯（Clyde Sellers）在蒙哥马利市白人公民委员会 1200 人集会上大摇大摆地走上台，宣布自己加入该组织。迎接他的是长时间的起立鼓掌。之后，该市的主要报纸《蒙哥马利广告人》（*Montgomery Advertiser*）在报道中称：“实际上，蒙哥马利市的警察部门现在成了白人公民委员会的武装。”同样在 1 月 6 日，蒙哥马利市检察官给一位亚拉巴马州律师去信称，蒙哥马利进步协会的行为违反了该州的反抵制法律。蒙哥马利市白人公民委员会的成员数量飞速增加，从去年 10 月份的 300 人猛增至 1 月底的 6000 人。而此时蒙哥马利进步协会的拼车系统已经紧张到了极限，并且该协会的资金也即将告罄。

蒙哥马利进步协会开始寻求解决办法。金提出与塞勒斯以及该市的 3 名委员进行会面，并于 1 月 9 日进行。本次作为黑人代表发言的是蒙哥马利进步协会的律师弗雷德·格雷（Fred Gray）。格雷向白人代表提出了一个重大让步，即黑人乘客可以自愿将座位换到尾部，以为上车的白人乘客让座。（理论上来说，白人也可以为黑人乘客让座，但是没人认为这样的事会在现实当中出现。）白人代表们感受到了黑人开始示弱，于是当即拒绝了该建议。

三天后蒙哥马利进步协会的一次董事会议上，气氛非常沮丧。大家的总结是，“看来当前的形势是哪方能坚持更久或是能消磨掉对方的斗志”。会上还提出，他们不会得到全国有色人种协会的支持，除非他们抛弃提出的座位计划转而通过诉讼寻求全部废除公交车上的种族隔离政策。于是董事会开始讨论是否向联邦政府法院提起诉讼。

对于金来说，此时他身上的压力更为严重。他家的电话没日没夜地响起，有时候是黑人对拼车系统某个方面的抱怨，更多时候是满怀敌意的白人打来的电话，有些甚至对他发出死亡威胁。《蒙哥马利广告人》在1月19日的头版标题为《金牧师是罢乘运动的领袖》。全市范围内谣言四起，白人们告诉自己的黑人熟人们说金是一个野心勃勃、“傲慢”的牧师，自己从不乘公交。

很快金就发现自己遭受到了警察的骚扰。1月22日，可能是受塞勒斯的指使，蒙哥马利市的警察只要见到拼车司机就要求他们靠边停车，给他们开出行车违规罚单，或是指控超速或没打信号灯。1 月 26 日，金开车下班回家时带着几名乘客，发现两辆警用摩托在后面尾随。金降速徐行，警车仍然跟着不放。当金停车让几位乘客下车时，一名警察在驾驶员窗户旁边停下。“金，出来，”那名警察说，“你因为在限速 25 英里的道路上时速 30 英里被捕了。”被这一指控震惊的金让剩下的一名乘客通知科雷塔，然后便下车。

警察们叫过来一辆巡逻警车并把金塞在了后座上。警察们一言不发地载着金穿过城里陌生而又偏僻的街区。金开始暗中惊慌起来，在后座上颤抖，心里面恐惧着自己可能要被处以私刑。但他们最后来到了一座楼前，上面的霓虹灯标志上面写着：蒙哥马利市监狱。金被送往一间挤满了普通刑事犯的大牢房。看守对他说道：“行了，进去和大家一起待着吧。”过了一会儿，看守又回来叫他。金以为自己要被释放了，但是却被提取了指纹然后又关回了牢房。拉尔夫 · 阿伯内西来了趟监狱，然后又飞快地去筹钱为他担保。然而，当黑人支持者们开始聚集在监狱外面时，看守让金签字之后释放了他。当晚在各个教堂至少有 7 个大型群众性集会。

第二天晚上，1956 年 1 月 27 日，金很晚才下班回家。为金写下获普利策奖传记的戴维 · 加罗（David Garrow）说：“那是金一生当中最为重要的一晚。从那之后，每当他感觉面临的压力过重的时候，他都会回想这个晚上。”

整座房子非常安静，妻子科雷塔和女儿约兰达都已入睡。

而当时金已经接近自己情感的极限。“我感觉自己在恐惧当中举步维艰。”他后来回忆道。差不多午夜的时候，金开始铺床准备睡觉时，电话铃响了。电话另一端的白人称呼金为“黑鬼”并对他说：“我们已经受够了你和你们这帮家伙。如果你不在三天之内离开这里的话，我们将把你的脑浆打出来，把你家房子炸上天。”

金之前也收到过死亡威胁，但是这次他内心的某个地方崩溃了。因为恐惧而难以入睡，他走到厨房，做了杯咖啡，然后坐在桌前思考。“我开始思考许多问题，”他后来回忆道，“我准备放弃了。”

我坐在那里，脑子里想着我刚刚出生的漂亮的小女儿……我每天晚上回到家都会看到她温暖的笑脸。我就坐在桌前想着那个小女孩，想着我可能随时会失去她。

我又想到了我挚爱的满腔热忱、忠贞不贰的妻子，她就在那边睡觉。而我也可能失去她，或者是她失去我。想到这里时我几近崩溃。我感受到了自己的脆弱。我脑海里有个声音告诉我，你现在不能去找你父亲，他远在175英里外的亚特兰大。你也不能去找你的母亲。你只能寻求父亲经常和你说起的那个人，寻求他那种让不可能变为可能的力量。

到这个时候，金意识到自己需要比之前更加深入地挖掘自己的信仰。

我那时发现宗教对我而言极其真实的一面，我必须为了我自己去了解上帝。在那杯咖啡面前，我低下了自己的头。我永远不会忘记……我做了一段祷告，用响亮的声音。我祷告的时候说："主啊，我在这里试着做正确的事情。我认为自己是正确的。我认为我们代表的事业是正确的。但是主啊，我必须向您承认，我现在很脆弱。我步履维艰。我在失去自己的勇气。可是我不能让人们看到我现在的样子。因为他们如果看到我脆弱的样子，看到我失去勇气，他们也会开始变得脆弱。"

然后就在那时，金接到了上帝的答案。

在那个时刻，我仿佛能够听到自己内心的声音在对我说："马丁·路德，为了正义，站起来。为了工作，站起来。为了真相，站起来。而我将与你同在，直至世界尽头。"……我听到耶稣的声音让我坚持下去。他答应我永远不会离我而去。永远不会孤单。永远不会孤单。他答应永远不会离开我。

"几乎就在那一瞬间，"金后来回忆道，"我的恐惧开始消散。我心里的不安消失不见。"

从那一刻起，他再也不会害怕炸弹，或者是对手们可能会对他施加的任何伤害。

三天后，1 月 30 日晚上，科雷塔正在和一位朋友在牧师住所的客厅坐着，突然她们听到有什么东西落在了门廊里。当她们赶紧跑向客房时，“一声爆炸颤动了整座房子，客厅里弥漫着硝烟，玻璃碎了一地”。得到消息后，金马上赶回家，当时房子外面已经聚集起许多愤怒的支持者。警察局长塞勒斯及市长已经在那里了。

塞勒斯将金拉至一旁，对他说道：“虽然我不同意你的信念，但是我会尽自己的全部能力保护你不遭受这样的事件。”然后金试图安抚在场的群众。他举起一只手示意大家安静，然后说：“没什么事……一切皆在掌控之中。”他还呼吁围观的群众不要报复。“我们并没有在宣扬暴力。我们愿意爱我们的敌人。我希望大家可以爱我们的敌人。待他们以善良。爱他们，让他们知道我们爱他们。”后来回忆的时候，金说自己“平静地接受了爆炸的消息。我几天前那晚上的宗教体验给予了我面对它的力量”。

最终，蒙哥马利进步协会提起诉讼，指控蒙哥马利市公交的种族隔离政策违宪。1956 年 6 月 5 日，内部存在分歧的三位法官审判团（弗兰克·约翰逊法官占多数）裁定公交车上的种族隔离政策违宪。1956 年 11 月 1 日，美国最高法院支持了该判决。蒙哥马利市政府寻求复审，但被最高法院于

12 月 20 日驳回。第二天，该市公交车上的种族隔离政策被取消。

但是作为一名领袖，金的挑战还远未结束。就在他在厨房桌前那一晚过去整一年后，又有一包炸药扔到了他家门廊里。因为引线有问题，所以炸弹没有爆炸。在第二天上午的周日布道中，金再次提到了自己一年前的宗教体验，并说："所以我今天上午不会畏惧任何人。告诉整个蒙哥马利市的人们，他们可以继续开枪射击，而我将勇敢面对他们。告诉整个蒙哥马利市的人们，他们可以继续扔炸弹，而我将勇敢面对他们。"

在短短的一生当中剩下的时间里，金一直有一种强烈的预感，觉得自己可能会为自己的事业献出生命。然而，因为有那一晚在厨房桌前的经历，他毫无畏惧地直面这一切。虽然金没有直接提到过，但是他肯定知道经书当中有和他类似的任务。在《出埃及记》当中，当上帝在荆棘之中显现并告诉摩西（Moses）让他回到埃及带领自己的人民走向自由，摩西的反应是自我怀疑："我是什么人，我为什么要去找法老并带领以色列人民离开埃及？"上帝回答道："我必与你同在。"（《出埃及记》3:11–12）

金也听到了同样的话语。他也知道摩西最终选择了前行。美国黑人一直被当作是《旧约全书》的以色列人，遭受着法老的迫害。当摩西带领以色列人离开埃及后，他们在沙漠里走了 40 年。终于上帝告诉摩西“你上这山上去”，然后在山顶上告诉摩西将让他看到应许之地。然后上帝说要将这块土地“赐给以色列人为业”［《申命记》（*Deuteronomy*）32:48–49］。然而上帝却不让摩西进入应许之地，而是告诉他，他将死在山上。摩西爬上了山，看到了应许之地，然后死了。

同样地，1968 年 4 月 3 日，金的听众完全地理解了它的意义。在孟菲斯市的黑人民众面前，金用这样的话结束了自己人生当中最后一次演讲：

> 我不知道将会发生什么。我们的前途尚存荆棘坎坷。可对我来说这不算什么。因为我已达至顶峰。我不会在乎。和任何人一样，我愿意生命长久。长寿本在情理之中。但我现在不执着于此。我只是要行上帝的意愿。他让我攀登险峰。我极目远眺。前方就是乐土。或许我不能陪你同行。但今夜我要让你们知晓，我们就是将要抵达乐土的子民。我不怕任何人。我的双目已看到上帝莅临的光芒。

金那晚在厨房桌前感受到了上帝一直与他同在。这种感受就像摩西的一样，上升到了一种更深层次的认识，即上帝会决定他的使命何时结束。

第二天早上，金的使命就此结束。

| 总 结 |

孤独时，精进时

在历史的长河中，多少卓有成就的领导者要归功于独处。可是当今的领导者们（也包括我们普通人）正在失去对独处的重视。在信息时代之前，或者说在“信息输入年代”之前，领导者们许多时候都是自然而然地在独处时思考，比如说是孤身一人的时候，在旅途中的时候，或是在排队的时候。手持设备的兴起就像不可阻挡的浪潮，带来了难以计数的信息和娱乐方式。现如今，几乎每个人都在低头看自己的手机。以前人们用来思考的时间现在都用来浏览推特，阅读短信。

然而，如果我们能意识到自己失去了什么，我们还能选择找回它。尤其是领导者们，他们更应当权衡自己的时间应当怎样度过，因为他们的行为影响的不仅仅是他们自己。他们有这样的义务。领导者不仅手中有权利，而且肩上也有责任，去寻找独处的时间。接下来向读者介绍的就是如何寻找以及利用好独处的时间。

在工作当中创造独处的时间

领导者必须在独处和与人交往之中找到平衡。但是和普通人一样，领导者也面临着极大的社会压力，这让他们往往不得不将天平向交往的一侧倾斜。“独来独往”通常是一个贬义词，然而它往往用来形容的却是拿出一部分时间用来独处的人。许多办公室文化都是喜欢聚在一起，不仅仅是会议，还有蛋糕派对、午饭，以及许多工作之外的场合。有些聚会是值得的，因为可以让领导者有机会和下属进行有意义的互动，探寻他们的工作进展如何，需求是否得到了满足，生活中发生了什么事情。这样的场合下，领导者选择参加是一件利大于弊的事情。但是寻常生日聚会或是打趣说笑则是弊大于利。

这样的办公室文化往往有其物质表现，比方说开放式大办公室或满是格子间的大型办公场所。下面就是一些克服这些障碍的方法，既有文化层面的也有物质环境方面的。

1. 重设人们对你的期望——以公开的方式

下属有权知道领导者对他们有什么期望，也有权知道他们能对领导者报以什么样的期望。其中就包括什么时候可以找到领导。除非领导者另外说明的话，人们的设想都是随时都可以找到领导——见不到人的话也可以通过电子方式。但是只要领导者有足够的意志，就可以改变人们的这种设想。领导者可以每月预留出几个工作日为不开会的日子，内特·菲克就是这么做的。领导者可以将每天的日程安排中留出 60 到 90 分钟的时间用来思考。领导者可以告诉大家，自己不发短信，只会不定时或者每天特定的时间才会查看邮件。（如果领导者每次收到邮件都在几分钟之内回复的话，人们就会怀疑他每天除了收发邮件还在干些什么。）领导者可以指定周末为不处理任何工作相关邮件的时间，“为美国而教”(Teach for America) 教育项目的负责人温迪·科普（Wendy Kopp）就是这么做的。如果领导者能做到以上的全部会更好。

这样的改变自然需要付出一定的代价。员工发来的邮件需要过上几个小时才能得到回复，而不是以前的几分钟；下属可能需要等上 60 分钟才能和领导面谈，而不是以前的随时都可以；例行的会议可能要被推迟一天等等。那不如就这样吧。领导者的时间安排本身是一个零和博弈。最为根本的是，领导者必须决定深入的思考和认真的分析是否值得占用自己 1/3 的时间，还是说思考和分析不值得花费时间。

此外还需要付出的代价是因不合主流而面临的社会压力。如果不就这些改变做出解释的话，人们就会说领导者自大傲慢、冷漠无情、难以接近。但是为什么不向大家解释领导者为什么需要独处呢？领导者可以视情况或简单或详细地向大家解释，为组织或企业负责需要时间来思考。领导者还可以向大家证实独处带来的效果：对下属的工作进行明确的评论，而不是含混带过；给出深思熟虑的回答，而不是陈词滥调；按照既定的基本原则行事，而不是信手拈来。

能明确划清自己独处界限的领导者不仅能让自己受益，还可以惠及自己的下属。因为领导者传达出了信号，被领导者也可以仿效，带着同样良好的初衷。因此，留出独处时间的领导者可以带来良性循环，不仅可以改善每个人的工作，还可以改善整个组织或企业。

2. 寻找独处的空间

没有自己的办公室的话，做到这一点有些困难，但也可以实现。如果你有自己办公室的话，当有必要的时候可以关上房门。不能关门的话，要门何用？如果工作的地方有图书馆的话，找机会到里面去。图书馆就像中世纪的教堂一样，用墙壁保护着一个外面难以寻见的文化。没人的会议室也同样可以，尤其是当你需要把许多纸张平铺在桌子上的时候。而且，图书馆和会议室可以帮助我们远离电脑，并且远离电脑带来的分心事。午饭时间更是寻求独处的好机会，不妨去公园里的长凳、喷泉广场，以及任意一个可以坐下的地方。这些地方可以将我们的思绪从刻板乏味的工作当中解救出来。还可以自己在餐厅用餐。如果担心自己看起来可能会傻傻的话，可以带上一些文件。但是不要带手机。

工作之外的独处

工作之外有大量的方式获得独处。我们可以根据自己的喜好和想要达成的目的选择最合适的方式。如果想要进行分析思考或者寻找直觉的话，任何不需要集中精力的活动都可以：散步、跑步、清晨仪式。早上醒来后躺在床上的时间也可以进行清晰的思考。此外，可以促进分析思维的活动也是不错的选择，比如说写日记或者给自己的备忘录。还有些活动可以帮助我们放空自己的大脑（这和刚醒来的宁静有着同样的效果）：比方说冥想和彼得·克劳福德的夜跑（全部注意力都放在自己的步伐上）。

体育运动也可以释放紧张情绪，从而恢复情绪平衡。冥想也可以起到同样的效果。出门去远足或是坐在石头上可以修复我们的眼界，将面前的困难大事化小。为了释放过激的感情，我们可以走进一个空房间，或是给让自己生气的人写一封信——然后并不寄出去。当然，户外环境可以为我们带来多种多样的精神激励。坐在空荡荡的教堂里也能感受到这些激励。

但是需要记住的是，独处不需要过于刻意。卓有成效的独处既可以是大块的时间，也可以是生活的间隙。在公路上开车时，坐在候车室时，穿衣服时，这些都是思考的好时机。

工作之外的独处并不难，稍有留心总会找到。

做好独处的准备

通过一些简单的方式，我们可以让独处的时间更富有成效。下面的一些建议可以帮助那些还不习惯独处的人们。

1. 事先的了解

如果我们打算利用独处的时间考虑某件事情的话，就应该事先把它拎出来，简单地浏览相关的材料。这样的话，我们的大脑就可以事先处理这些信息，这样就可以让我们在思考时更快地顿悟（有时是分析，有时是直觉）。我们可以在独处的时候更有成效地思考，而不是把时间浪费在弄清楚需要思考的到底是什么。此外，如果我们在进行分析思考的时候没有进展的话，可以先扭头去思考其他事情，然后带着更为开放、更为直觉的心态回来。很多时候我们都会发现，之前的分析只不过是将简单的事情复杂化了。

2. 情感上的准备

在独处时，领导者通常能产生意料之外的顿悟，这也是为什么要寻求独处的主要原因。即使当领导者思考的是下属或者是组织企业的整体问题时，产生的顿悟很可能是关于领导者自身的。比方说意识到自己的行为导致了员工的犯错，或者是一直以来只关注自己的问题，或者是忽视了某方面的责任。独处可以让我们接近真相，而真相有时会让我们难堪。对于谦逊的领导者来说，这样的顿悟并不是什么坏事。对于任何领导者来说，这都是改进的机会。何乐而不为呢？

3. 外向型人格也可以从独处中获益

与他人的交往可以让外向型人格获取能量，内向型人格则会失去能量。独处可以让内向型人格获取能量，外向型人格则会失去能量。但是这种能量的获取和失去与外向型人格和内向型人格在这些情况下的实际表现并无太大关系。内向型人格的人在社交场合可以游刃有余，外向型人格在独自思考时也可以出类拔萃。局限性在于内外向型人格的人在跳出自己舒适的环境之后多久需要返回充能。

这就是说，外向型人格的人天然不喜欢独处，独处也不是他们日常的一部分。然而外向型人格的人也可以从独处中获益。不可否认，刚开始的时候独处会让外向型人格的人感到孤独。与独自思考问题相比，他们更喜欢与人谈论问题。但是外向型人格的人会发现，当他们预先找到问题的关键之后，和人谈论更是一种享受。他们在独处时失去的能量，都会在和别人进行有建设性的谈话时得到补充。而且他们还会发现，当他们在独处当中顿悟的时候也会能量满格。当他们能感受到独处的其他好处的时候，包括创造力、情绪平衡和道义勇气等，他们会更为感激独处的时间。从本书当中德怀特·艾森豪威尔和比尔·乔治这两位外向型人格的故事可以看出，当他们感受到独处带来的好处后，会越来越依靠独处，珍惜独处。

4. 不要担心跟不上时代

许多人都“害怕会跟不上时代”：觉得如果几个小时不查看邮件，不看新闻，不浏览社交媒体，就会落后于时代（其实也就几个小时而已）。这也有一定的道理。但是，持续接受如此繁复的信息就好比是捡了芝麻丢了西瓜。如果总是在浏览推特和工作之间往复的话，哪有时间进行有深度的思考呢？随着越来越多人沉迷于智能手机，我们要想清楚是否要选择随波逐流。想必认真对待自己肩上责任的领导者们不会这么做。

独处时要注意什么

我们的建议包括三个方面：

1. 乐于深刻思考

即使是在独处的时候，领导者也很有可能在欺骗自己和他人，让自己和别人以为自己正在进行实质性的工作，而实际上却只是在浏览往来的通信或者做些鸡毛蒜皮的小事。在独处的时间里，领导者应当找到自己最有意义的职能，并去履行。领导者的核心职能就包括深刻的思考：精准地找出问题、清晰地剖析问题以及认真地推理问题。最好把这些都落实到笔记本上。这样可以减少分心的事情。

有时候领导者需要思考的复杂问题牵涉到组织或企业的整体。如果不能进行深入的思考，领导者便会倾向于选择现成的解决办法，就好像什么菜流行便吃什么一样。或者领导者只能对下属给出模棱两可的指示：“换个角度再看看”或是“这方面我们还应更加努力”。这是因为领导者对自己想要达成的目的没有清晰的看法。乐于深刻思考的领导者可以驾驭自己，然后就可以在寻找有效的解决办法的过程当中驾驭别人。

人际间关系的复杂动力学会出现诸多的难题。通过独处，领导者可以认真思考某一位下属的需要，他人可能在担心什么，以及领导者在处理两人关系当中有什么做得不到位的地方。时常为自己下属的幸福着想的领导者可以促进下属的工作效率，赢得他们的忠诚。

2. 找到自己的首要原则，然后坚持下去

领导者的首要原则是独处所能带来的所有好处的源泉：思路清晰、创造力、情绪平衡、道义勇气。不坚持自己首要原则的领导者最终都会无缘独处所带来的这些好处。没有内

在的方向感，就会被外界牵着鼻子走。这样的领导会发现自己被眼前看到的一切所主宰，而不是自己的头脑。他会不安地察觉到，在自己想象中与实际做出的选择之间有一道鸿沟。这道鸿沟就说明领导者缺乏清晰的思路。而当别人看到这道鸿沟的时候，就会认为领导者是说一套做一套的伪君子，从而降低对领导者的信任。领导者的内心也无所依靠。

真正的领导者时常会发现自己站在不同的立场上。能够找到自己的首要原则并且时常用这些原则来检验自己做法的领导者可以最终坚持自己的首要原则。这样的领导方式是内在驱动的。而内在驱动的领导者不容易被道德谴责或是赞扬所误导。这并不是说领导者应当思想保守：有效的领导者会按照实情来考虑外界的批评，如果批评有道理，就欣然接受。然而，对于自己的首要原则有着深刻思考的领导者，最重要的是他们对自己的批评与赞赏。

只有这样的领导者——清晰、平衡、勇敢——才是真正的领导者。

3. 为你的领导方式设立一个更高的目标，并和你的追随者们分享

能为自己领导的事业找到超然目标的领导者更能鼓舞起人们的斗志。这种超然目标可以是组织或企业内所有人都认同的首要原则，也可以是大家共同承受的不公正待遇；可以

是对苦难带来尊严的认识，也可以是对诚实劳动的光荣感。超然目标还可以是来自团体内的成员们对彼此的奉献。超然目标，从定义上来说就不是手头上的具体目标。因此要找到这样的超然目标，通常需要思考。

那些找到超然目标的领导者们才是最值得我们钦佩和歌颂的人。

| 致　谢 |

我们首先要感谢布鲁姆斯伯里出版社的发行人以及本书的编辑乔治·吉布森（George Gibson），他的大大小小的看法与建议大大提升了本书的水平。乔治为人正派、慷慨大方、博学多才。在和他共事的过程当中，我们在工作和生活上都获益良多。在布鲁姆斯伯里出版社，我们还要感谢德里克·斯托达尔（Derek Stordahl）给予我们这次机会并帮我们与乔治牵线搭桥；感谢詹娜·达顿（Jenna Dutton）在本书出版过程当中的耐心与付出；感谢印迪亚·库伯（India Cooper）为我们提出的宝贵建议，避免了我们的错误。布鲁姆斯伯里出版社对待他们的作者实在是太好了。

我们对吉姆·柯林斯心怀感激。他是迈克尔的良师益友，他为本书作的序抓准了本书的精髓。是吉姆对于提升领导艺术“从良好到伟大”的专注激发了我们，所以我们才决定写一本书讲述历史当中的伟大领导者们如何利用独处的时间提升自己的领导力。除此之外，吉姆的支持与鼓励对于本书的面世也非常重要。

我们还要感谢拉里·奥尔森（Larry Olson），他是我们最为慷慨大方的朋友。在六年的时间里，拉里一直在给予我们鼓励和指导，用自己在出版业的专长给予我们帮助。没有拉里，就不会有这本书。我们要向他致以深深的谢意。

我们同样要向苏珊（Susan）和肯·凯恩（Ken Cain）致以我们的谢意。他们毫不吝啬自己的时间与宝贵意见，用鼓励支撑着我们完成了这项艰辛的工作。我们对他们的感激之情难以用语言表达。

我们写作此书的灵感要归功于著名作家和耶鲁大学前任教授比尔·德雷谢维奇（Bill Deresiewicz）。他于2009年在西点军校做的题为《独处与领导力》的演讲后来在“美国学者”（American Scholar）网上发表并广为传播。在一个春天，迈克尔和雷在安娜堡的一家爱尔兰酒吧里受这篇演讲激发展开了讨论，然后才有了写作这本书的想法。受比尔影响的读者千千万，我们只是其中的两个。

没有那些同意接受采访并在书中出现的人们的慷慨与坦率，这本书就无法问世。他们是：吉米·巴茨、德娜·布拉杰、丹·布罗斯泰克、布琳·布朗、汤米·考德威尔、道格·柯南特、彼得·克劳福德、萨拉·迪拉德、奇普·埃登斯、内特·菲克、比尔·乔治、蒂姆·霍尔、莉莎·霍华德、退休将军詹姆斯·马蒂斯、退休将军斯坦利·麦克里斯特尔、退休将军蒙哥马利·梅格斯、退休将军霍华德·普林斯、乔伊·雷曼、三英·司尚、凯蒂·西莫尼斯、帕梅拉·斯利姆和贾娅·瓦德拉穆迪。

我们也要感谢那些为我们描述自己是如何利用独处成为更好的领导者的人们，往往还是以书面的形式。他们有：乔纳森·阿尔戈（Jonathan Algor）、尼克·阿姆斯特朗（Nick Armstrong）、多米尼克·巴顿（Dominic Barton）、杰夫·布莱恩（Jeff Bryan）、麦克·库伯（Mike Cooper）、瑞安·弗里德里克斯（Ryan Friedrichs）、约翰·格林（John Green）、丹·霍斯特（Dan Horst）、斯科特·巴里·考夫曼（Scott Barry Kaufman）、温迪·科普、杰伊·麦基（Jay McGee）、乔·奎因（Joe Quinn）、康多莉扎·赖斯（Condoleezza Rice）、约翰·瑞安（John Ryan）、拉吉夫·斯里尼瓦桑（Rajiv Srinivasan）、格伦·托马斯（Glenn Thomas）、凯西·托瑞恩（Casey Thoreen）、汤姆·蒂尔尼（Tom Tierney）和凯西·怀特（Kathy White）。

我们还要感谢雷的前任法官助手查尔斯·达默龙（Charles Dameron）及其夫人艾米丽·伊斯法哈尼·史密斯（Emily Esfahani Smith），他们二人也是作家，艾米丽不久前刚出版了《意义的力量》（*The Power of Meaning*）。他们两人为本书的结构与内容提出了宝贵建议。同样，我们要感谢雷的前任法官助手菲利普·威廉姆森（Phillip Williamson），他在一次安娜堡到辛辛那提的车上提出的建议为马丁·路德·金那一章带来很大改进。在此也向玛西亚·卡特（Marcia Carter）

表示谢意，她在本书写作的过程当中多有帮助。

我们要感谢密歇根大学的哈彻研究生图书馆（Hatcher Graduate Library）。雷在本科期间曾在图书馆中学习，而且该图书馆浩如烟海的藏书（每一本曾经出版过的书都可能在这里找到）对于我们的研究与写作十分宝贵。

还有两位值得我们的特别感谢：雷的前任法官助理詹姆斯·斯尼道（James Snidow）和雷的父亲雷蒙德·A. 凯彻利奇（Raymond A. Ketchledge）（雷和自己父亲的姓有一个字母之差，但这就说来话长了）。数年间，他们认真阅读这本书写成的一字一句，在我们正确的时候让我们坚持方向，在出现错误的时候及时纠正（而且是直截了当地指出，尤其是雷的父亲）。他们两人的判断经常不谋而合，因此得到了我们的完全信任。詹姆斯是一位天生的领导者，又是一位有才华的作家，给我们提出了出色的编辑建议和他那一代人的视角。雷的父亲曾长期担任汽车行业的高管，他用这段丰富的经历来比照我们写下的全部内容，提出了难以计数的真知灼见。雷的父亲还给我们提出了一条尤为宝贵的建议：“保护你们对这本书的想象力。”对他们两位，我们表示深深的感激。

最终，我们要感谢雷的女儿艾拉（Ella）。她热爱动物，喜欢阅读。是她建议我们在书中将简·古多尔作为领导者并讲述她的故事。我们还要感谢雷的妻子杰西卡（Jessica）和迈克尔的妻子吉纳维芙。她们的爱一直在支持着我们。